ハングル ハングルⅡ

한글 한 그루Ⅱ

髙木丈也 / 金泰仁

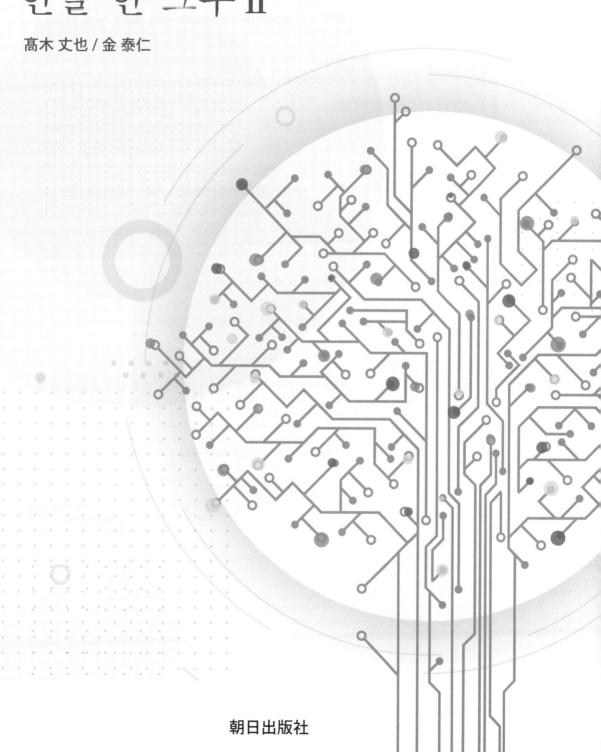

朝日出版社

はじめに

本書は『ハングル ハングルⅠ－한글 한 그루Ⅰ』の続編で、朝鮮語の基礎をすでに学んだ人のために書かれた初中級テキストである。本書が他のテキストと性格を異にするのは「本格志向でありながら効率的に学べる」という点である。

　韓流ブーム以降、巷には朝鮮語＝韓国語の学習書が溢れるようになった。学習者が増え、隣国に関心を持つ人が増えているのは喜ばしいことであるが、その一方で、書店で見かける学習書は、依然として旅行会話や平易な文法を解説したものが多く、中級以降の本格的な学習を見据えて足元を固めるという視点から執筆された学習書は少ない状況にある。グローバル化が進展していく中で韓国や北朝鮮、あるいは世界中に存在する多様な朝鮮民族との接触機会は公私を問わず、ますます増えていくだろう。そして彼らと相互関係を構築する際（あるいは彼らを深層レベルで理解する際）、最も重要なものは言うまでもなくコミュニケーション媒体としての言語である。本書では、こうした時代の要請を真摯に受け止め、朝鮮語圏とより近く、より深く関わりたい学習者が中長期的な学習の足場を築くのに足りうるコンテンツを提供していく。

　本書は、以下のような点で「本格志向かつ効率的」である。

▶学術的側面
　本書の著者は2人とも朝鮮語学の専門家であり、日本語と朝鮮語の対照言語学的視座からコースデザインを綿密に設定している。そのため、日本語話者にとって最も効率的な学習をサポートすることが可能になる。また、単語や文法の提示もむやみな簡略化をせずに、真に必要な知識を過不足なく、正確に得ることができるように配慮している。

▶実践演習
　一般に初級の文法学習はパターン・プラクティスに終始しがちであるが、本シリーズでは文字と発音が終わったばかりの段階から自由作文や翻訳など豊富な実践演習を提供しており、即戦力を鍛えることができる。また、補助教材の動画では、母語話者（ネイティブ・スピーカー）が普段の会話で使うナチュラルなやり取りを疑似体験できる。

本書は2017年度より慶應義塾大学 SFC（湘南藤沢キャンパス）の朝鮮語クラスで使用してきた私家版教材を加筆、修正したものである。本書の執筆過程では、柳町功先生、中島仁先生、富所明秀先生、金秀美先生、金恵珍先生、黒島規史先生といった方々の貴重なご意見を賜った。心より御礼申し上げる。また朝日出版社の山田敏之氏、小髙理子氏には本書編集の過程で大変お世話になった。

　本書は90分×週２コマの授業であれば１年で、90分×週４コマの授業であれば１学期で学ぶことができるように構成されている。第45課までの内容をマスターすれば、ハングル能力検定試験３級範囲の相当部分、つまり朝鮮語の初中級段階の学習項目はほぼ網羅することになるばかりか、辞書を引きながら『朝鮮日報』や『労働新聞』（それぞれ韓国、北朝鮮の主要紙）を精読することも可能になる。もちろん、非専攻者を念頭において執筆されており、限られた時間の中で効率的に、そして本格的な語学力を涵養できるよう心を砕いているので、安心して学習していただきたい。本書を最大限に活用して、本格的な、そして真に使える語学力を身につけてもらえれば幸いである。

2020年９月

髙木丈也、金泰仁

※本書では言語名として、「朝鮮語」を用いているが、これは「主に朝鮮半島において使用される言語」、あるいは「主に朝鮮民族が使用する言語」という意味であり、特定の国家等を前提にしたものではない。

※本書のタイトルである「ハングル ハングル」（한글 한 그루）は、「ハングル（の樹）１株」という意味である。ハングルで書かれた最初の文献である龍飛御天歌（1447年）の中に「뿌리 깊은 나무」（根の深い樹）という言葉が出てくることに由来するが、これにどのような意味が込められているかは、読者諸氏の想像にお任せしたい。

目　次

第26課　復習

26.1. 助詞の復習　　26.2. 用言の活用の復習　　26.3. 数詞の復習

第27課　辛いものも食べられますか

27.1. ～する…［現在連体形］　　27.2. ～する（であろう）…［未実現連体形］

27.3. ～ことができる／～ことができない［可能／不可能］

27.4. その他の助詞（1）［助詞（7）］

単語バンク（会社）

第28課　薬を飲んだ後は、大丈夫だったようです

28.1. ～した…［過去連体形］　　28.2. ～たことがある／～たことがない［経験］

28.3. 連体形のまとめ　　28.4. ～そうだ、～ようだ［様態、推測］

単語バンク（単位）

第29課　時間が経つのは本当に速いです

29.1. ㄷ変格用言　　29.2. ㄹ変格用言　　29.3. ～ないでください［丁寧な禁止］

単語バンク（穀物、果物）

第30課　うちの学校の学生の中で一番美しい人です

30.1. ～ねぇ［詠嘆］　　30.2. ～ますね、～ますよ［約束］

30.3. ～より、～の中で一番、～に比べて［比較］

30.4. ～けれど、～が［逆接］　　30.5. その他の助詞（2）［助詞（8）］

単語バンク（花）

第31課　私とご飯食べる時間、ありますよね

31.1. ～んですが、…［前置き］　　31.2. ～つもりだ、～そうだ［意思、判断］

31.3. ～でしょう［確認、同意］　　31.4. 様々な不可能表現

単語バンク（鳥）

応用会話5、深化学習1

第32課　水をもっと入れなければならないようです

32.1. ㅅ変格用言　　32.2. ㅎ変格用言　　32.3. 変格用言のまとめ

単語バンク（学問分野）

中華人民共和国(中国)
중화인민공화국 (중국)

ロシア
러시아

清津 청진

惠山 혜산

咸鏡北道
함경북도

朝鮮民主主義人民共和国(北朝鮮)
조선민주주의인민공화국(북조선)

江界
강계

両江道
량강도

慈江道
자강도

咸鏡南道
함경남도

新義州 신의주

平安北道
평안북도

咸興
함흥

平安南道
평안남도

平城
평성

元山
원산

平壤
평양

沙里院
사리원

黄海北道
황해북도

江原道
강원도

東海、日本海
동해

黄海南道
황해남도

開城
개성

束草
속초

海州
해주

江陵
강릉

江華島
강화도

京畿道
경기도

春川
춘천

鬱陵島
울릉도

ソウル
서울

仁川
인천

江原道
강원도

黄海
황해

水原
수원

忠清北道
충청북도

忠清南道
충청남도

清州 청주

安東
안동

公州공주

大田 대전

慶尚北道
경상북도

扶余 부여

浦項
포항

大韓民国(韓国)
대한민국(한국)

全州
전주

大邱
대구

慶州
경주

全羅北道
전라북도

蔚山
울산

慶尚南道
경상남도

務安
무안

光州
광주

昌原
창원

釜山
부산

木浦
목포

全羅南道
전라남도

麗水
여수

珍島
진도

巨済島
거제도

南海
남해

済州
제주

済州道 제주
제주도

本書の構成

　本書は『ハングル ハングルⅠ−한글 한 그루Ⅰ』の続編で、第26課から第45課が収録されている。第26課は第25課までの学習を整理する復習の課で、主に助詞や用言の活用（語基という概念）、数詞について基礎知識の確認を行う。また、第27課以降では中級朝鮮語における重要な学習項目である（1）連体形、（2）変格活用（未習のもの）、（3）多様な接続・文末・慣用表現、（4）受身・使役表現、（5）引用表現などについて体系的に学んでいく。各課には平均して3〜4つの文法項目が盛り込まれており、豊富な練習問題を通して言語知識の定着を図ることができる。さらに文法の学習と並行して語彙についても日常生活でよく用いられるものを段階的に提示していく。

　本書の第27課から先の各課の構成は以下のとおりである。

▶各課は、【単語と表現】、【文法ノート】（インプット重視）、【会話しよう】、【書いてみよう】、【伝えよう】（アウトプット重視）により構成されている。
▶【文法ノート】の練習問題は、〈A〉、〈B〉に分かれており、基本的にはそれぞれ4問ずつが用意されている。基本的に〈A〉、〈B〉の間に難易度の差はないので、クラスの状況に応じて使用していただきたい。
▶本文中で扱えなかった単語は、【単語バンク】の欄で分野別に整理してある。ここで紹介した語は、以降の課では既習語としては扱っていないが、余裕がある学習者はできるだけ覚えてしまいたい。
▶4〜5課に1回、【応用会話】と【深化学習】がある。【応用会話】では長めの会話にチェレンジしながら学んだことを復習・応用し、【深化学習】では類似表現を確認しながら、表現力のさらなる向上を図る。

　本書使用上のその他の注意点は、以下のとおりである。

▶文法解説のうち、発展的な内容を扱ったものは ＋α として□で囲んである。学習の状況に応じて適宜使用されたい。
▶以下のサイトで【単語と表現】の練習問題、【会話しよう】（第27課から第45課）と【応用会話】（5〜8）の動画を公開しているので、予習・復習に活用してほしい。

単語と表現	https://quizlet.com/class/8631574/
会話しよう	
応用会話	http://cafe.naver.com/sfckorean12

▶ 本書の学習においては、日朝辞典、朝日辞典を用意する必要はない（ただし、辞書の引き方については『ハングル ハングルⅠ－한글 한 그루Ⅰ』第8課で紹介している）。巻末に朝日、日朝索引を付しておくので、復習や作文練習の際に大いに活用してほしい。

▶ 各課に朝鮮語や朝鮮語圏について理解するのに有益な【コラム】を付した（知っておくと役に立つと思われる単語には、朝鮮語訳も並記している）。学習の合間に気楽な気持ちで読んでほしい。

▶ 発展的な学習のために、巻末に【さらに覚えておきたい表現】を付した。例文も示してあるので、上級への学習に備えて、是非マスターしてほしい。

▶ 付属の音声教材の収録内容は、以下のとおりである。この音声は、初めのうちはスロースピードであっても速く感じると思うが、必要に応じてPCの再生機能を利用して、速度の調節をしながら聞いてほしい。

- 第27課〜第45課
  [単語と表現] 2回ずつ
  [活用Check！、例文] 1回ずつ
  [会話しよう] 2回ずつ（普通のスピード＋スロースピード）
- 応用会話1〜4
  [応用会話] 2回ずつ（普通のスピード＋スロースピード）

──── 『ハングル ハングルⅡ－ 한글 한 그루Ⅱ』サイトURL ────
（映像・quizlet・音声）

http://text.asahipress.com/text-web/korean/hangulhangul2/index.html

第26課 復習

복습

この課では、『ハングル ハングルⅠ−한글 한 그루Ⅰ』第9〜25課（文法編）で学んだこと
を復習しよう。

26.1. 助詞の復習

これまでに学んだ助詞をまとめると、次のようになる。

			パッチムなし体言	パッチムあり体言
①	～は		-는	-은
②	～におかれましては		-께서는	
③	～が		-가	-이
④	～におかれまして		-께서	
⑤	～を		-를	-을
⑥	～も		-도	
⑦	～で	場所	-에서	
⑧		手段方法	-로	-으로
⑨	～に	時	-에	
⑩		場所		
⑪		人	-에게 （-한테）	
⑫		方向	-로	-으로
⑬	～から～まで	時	-부터　-까지	
⑭		場所	-에서　-까지	
⑮	～と	書きことば	-와	-과
⑯		話しことば	-하고	
⑰			-랑	-이랑

※私（わたくし）が：제가、私（わたし）が：내가、誰が：누가
※ㄹで終わる体言には、-로/으로のうち-로がつく。
※-에게（〜に）謙譲形として、-께がある。
※この他の助詞（の用法）については、27.4.、30.5.、38.4.で学ぶ。

練習 1 （　　）に適当な助詞を入れ、文を完成させ、日本語に訳してみよう

（答えは１つとは限らない）。

例：버스（로）학교（에）다녀요. バスで学校に通います。

〈A〉

（1）제 친구（　　）한국（　　）공부（　　）하고 있어요.

（2）주말（　　）아버지（　　）는 저（　　）같이 여행（　　）가셨어요.

（3）신촌（　　）친구（　　）만나요.

그 친구（　　）영화（　　）보러 가거든요.

（4）명동（　　）종로（　　）는 지하철（　　）타고

종로（　　）을지로（　　）는 버스（　　）타요.

[명동（明洞）、종로（鐘路）、을지로（乙支路）：ソウルの地名]

〈B〉

（1）가방 안（　　）책（　　）컴퓨터（　　）있어요. 아, 지갑（　　）있어요.

（2）2시（　　）4시（　　）는 친구（　　）한국어（　　）가르쳐야 해요.

（3）서울（　　）인천（　　）전철（　　）가면 돼요.

（4）할아버지（　　）는 한국 음식（　　）좋아하시고,

할머니（　　）는 안 좋아하세요.

26.2. 用言の活用の復習

　朝鮮語の用言（動詞、形容詞、存在詞、指定詞）は、基本形＝辞書に登録されている形がすべて「−다」で終わっている。この基本形から「−다」を取り除いた部分を語幹といい、この語幹に様々な語尾類が結びつくことを活用という。

　語幹に語尾が結びつく時、語幹の形は、後につく語尾類によって、３通りに姿を変える。このように姿を変えた語幹を語基といい、３つのバリエーションをそれぞれ第Ⅰ語基（**Ⅰ**）、第Ⅱ語基（**Ⅱ**）、第Ⅲ語基（**Ⅲ**）とよぶ。３つの語基の作り方の基本は、次のとおりである。

基本形	I	II		III	
	全ての語幹	母音語幹	子音語幹	陽母音 (ㅏ、ㅗ)語幹	陰母音 (ㅏ、ㅗ以外)語幹
辞書に登録されている形 (-다で終わる)	基本形から 「-다」を 取った形	基本形から 「-다」を 取った形 (Iと同じ)	Iに「-으-」 をつけた形	Iに「-아-」 をつけた形 (母音語幹は 縮約あり)	Iに「-어-」 をつけた形 (母音語幹は 縮約あり)
오다 (来る)	오-	오-		와-	
받다 (受け取る)	받-		받으	받아-	
배우다 (習う)	배우-	배우-			배워-
읽다 (読む)	읽-		읽으		읽어-
하다 (する)	하-	하-		해-	

　なお、ㄹ語幹用言、으語幹用言、ㅂ変格用言は、以下の　において不規則な振る舞いをするので注意。

	基本形	I	II	III	注意点
ㄹ語幹用言㉓	살다 (住む)	살-	살-	살아-	IIにおいて-으-がつかない。
	만들다 (作る)	만들-	만들-	만들어-	
으語幹用言㉕	바쁘다 (忙しい)	바쁘-	바쁘-	바빠-	IIIは語幹末の_が脱落し、_の前の母音が陽母音(ㅏ、ㅗ)であれば-ㅏ-が、陰母音(ㅏ、ㅗ以外)であれば-ㅓ-がつく。
	예쁘다 (かわいい)	예쁘-	예쁘-	예뻐-	
	크다 (大きい)	크-	크-	커-	ただし、単音節語幹(_の前に文字なし)の場合には、一律に-ㅓ-がつく。
ㅂ変格用言㉔	맵다 (辛い)	맵-	매우-	매워-	IIは語幹末のㅂをとり、-우-をつける。IIIは語幹末のㅂをとり、-워-をつける。
	돕다 (助ける)	돕-	도우-	도와-	ただし、돕다(助ける)、곱다(綺麗だ)の2語のIIIは、-와-をつける。

　ㄹ語幹用言は、第I語基、第II語基に「ㅅ、ㅂ、ㄹ※、ㄴ」から始まる語尾類が続く時に、語基の末尾のㄹが脱落することにも注意。　　　　※終声の位置にㄹがある語尾類のみ。

第25課までに学習した主な語尾類は、以下のとおりである（ xx.x. は、初出の課）。

■第Ⅰ語基につく語尾類

- ▶Ⅰ-지 않다（〜ない ［後置否定形］ 12.3. ）
- ▶Ⅰ-습니다（子音語幹：〜です、〜ます ［합니다体］ 11.2. ）
- ▶Ⅰ-고（〜て ［順接］ 13.4. ）
- ▶Ⅰ-고 싶다（〜たい ［希望、願望］ 18.2. ）
- ▶Ⅰ-고 있다／Ⅰ-고 계시다（〜ている／〜ていらっしゃる ［進行］ 18.3. ）
- ▶Ⅰ-고 있다／Ⅰ-고 계시다（〜ている／〜ていらっしゃる ［状態継続］ 19.1. ）
- ▶아직 Ⅰ-지 않았다（まだ〜ていない ［未完了］ 21.3. ）
- ▶Ⅰ-거든요（〜んですよ ［根拠］ 25.2. ）

■第Ⅱ語基につく語尾類

- ▶Ⅱ-ㅂ니다（母音語幹：〜です、〜ます ［합니다体］ 11.2. ）
- ▶Ⅱ-시다（〜でいらっしゃる、〜なさる ［尊敬形］ 13.3. ）
  - ※-해요体は Ⅱ-세요 （〜でいらっしゃいます、〜なさいます 17.2. ）
- ▶Ⅱ-면 되다（〜ばよい 14.3. ）
- ▶Ⅱ-면 안 되다（〜てはならない 14.3. ）
- ▶尊敬形の Ⅱ-ㅂ시오（〜てください ［丁寧な命令］ 14.4. ）
- ▶Ⅱ-면서（〜ながら ［並行動作、逆接］ 18.4. ）
- ▶Ⅱ-ㄹ까요?（〜ましょうか ［意向］ 19.3. ）
- ▶Ⅱ-ㅂ시다（〜ましょう ［勧誘］ 23.3. ）
- ▶Ⅱ-니까（〜ので、〜から ［理由］ 24.2. ）
- ▶Ⅱ-러（〜しに ［目的］ 25.3. ）

■第Ⅲ語基につく語尾類

- ▶Ⅲ-요（〜です、ます ［해요体］ 15.2. 16.2. (17.1. 17.2.)）
- ▶Ⅲ-φ 있다／Ⅲ-φ 계시다（〜ている／〜ていらっしゃる ［結果状態］ 19.2. ）
- ▶Ⅲ-ㅆ다（〜た ［過去形］ 20.1. 20.2. 20.3. 21.1. ）
- ▶아직 안 Ⅲ-ㅆ다（まだ〜ていない ［未完了］ 21.3. ）
- ▶Ⅲ-φ 보다（〜てみる ［試行］ 22.1. ）
- ▶Ⅲ-도 되다（〜てもいい ［許可］ 22.2. ）
- ▶Ⅲ-야 되다（하다）（〜なければならない ［義務、当為］ 22.3. ）
- ▶Ⅲ-φ 주십시오／Ⅲ-φ 주세요（〜てください ［依頼］ 23.2. ）
- ▶Ⅲ-서（〜ので／〜から ［理由］ 24.2. ）

※Ⅲ-φ있다は、Ⅲと있다の間で分かち書きをすることを意味する。

練習 2 次の用言を**Ⅰ**-고、**Ⅱ**-세요、**Ⅲ**-요に活用させてみよう。

例：받다（受け取る）→ 받고、받으세요、받아요

〈A〉

(1) 벗다（脱ぐ）	(2) 비싸다（(値段が) 高い）
(3) 많다（多い）	(4) 생각하다（考える）
(5) 슬프다（悲しい）	(6) 아름답다（美しい）
(7) 살다（住む）	(8) 가지다（持つ）

〈B〉

(1) 그리다（描く）	(2) 닫다（閉める）
(3) 끊다（(電話／縁を) 切る）	(4) 나쁘다（悪い）
(5) 가늘다（細い）	(6) 싸다（安い）
(7) 크다（大きい）	(8) 돕다（助ける、手伝う）

26.3. 数詞の復習

　朝鮮語の数詞には、漢数詞と固有数詞の２つの系列がある。これらの数詞は、一緒に使われる助数詞(単位名詞)と一緒に整理して覚えておくとよい。

漢数詞

0	1	2	3	4
영, 공	일	이	삼	사

5	6	7	8	9	10
오	육	칠	팔	구	십

100	1,000	10,000
백	천	만

〈漢数詞につく助数詞(単位名詞)〉
년(年)、월(月)、일(日)、주일(週間)、분(分)、교시(限)、
층(階)、학년(年生)、원(ウォン)

固有数詞　★○○／○○の右は、助数詞（単位名詞）の前の形。

1つ ★	2つ ★	3つ ★	4つ ★	5つ
하나／한 ~	둘／두 ~	셋／세 ~	넷／네 ~	다섯
6つ	7つ	8つ	9つ	10（とお）
여섯	일곱	여덟	아홉	열
11こ ★	12こ ★	13こ ★	14こ ★	15こ
열하나／열한 ~ [여라나／여란]	열둘／열두 ~ [열뚤／열뚜]	열셋／열세 ~ [열쎋／열쎄]	열넷／열네 ~ [열렏／열레]	열다섯 [열따섣]
16こ	17こ	18こ	19こ	20こ ★
열여섯 [열려섣]	열일곱 [여릴곱]	열여덟 [열려덜]	열아홉 [여라홉]	스물／스무 ~ [스물／스무]

表中の ［ ］は発音を表す。

30こ	40こ	50こ	60こ	70こ	80こ	90こ
서른	마흔	쉰	예순	일흔	여든	아흔

〈固有数詞につく助数詞（単位名詞）〉
개(個)、시(時)、시간(時間)、달(か月)、살(歳)、사람(人)、명(名)、
분(方、名様)、번(回)、장(枚)、마리(匹)、대(台)　권(冊)
※数詞と助数詞（単位名詞）の間は、基本的には分かち書きすることになっているが、実際には
　分かち書きされないことも多い。

練習 3 朝鮮語に訳してみよう（数字もハングルで書くこと）。
例：本10冊　→　책 열 권

〈A〉
（1）11時34分　　　　　（2）080-3236-1579
（3）3時間　　　　　　　（4）19,870ウォン
（5）学生2名　　　　　　（6）6月25日
（7）車6台　　　　　　　（8）お客さん5名様

〈B〉
（1）8時59分　　　　　　（2）12回
（3）0466-789-9936　　　（4）切手14枚
（5）10月8日　　　　　　（6）12,480,000ウォン
（7）22歳　　　　　　　　（8）猫7匹

辛いものも食べられますか

매운 음식도 먹을 수 있어요?

 単語と表現

1-2

	単語		意味			単語		意味
☐	가능성 〈可能性〉	名	可能性	☐	모자라다	動	足りない
☐	가장	副	最も	☐	방법 〈方法〉	名	方法
☐	감기 〈感氣〉	名	風邪	☐	시합 〈試合〉	名	試合 [〜하다]
☐	결정을 내리다 〈決定-〉	表現	決定を下す	☐	어둡다	形	暗い ㅂ変
☐	고기	名	(食べ物としての) 肉	☐	여성 〈女性〉	名	女性
☐	깎다	動	まける、値段を安くする	☐	열이 나다 〈熱-〉	表現	熱が出る
☐	깨다	動	覚める、割る	☐	예정 〈豫定〉	名	予定 [〜하다]
☐	꽤	副	だいぶ、随分、かなり	☐	유학생 〈留學生〉	名	留学生
☐	꾸다	動	夢見る	☐	잠	名	眠り
☐	꿈	名	夢	☐	지난번 〈-番〉	表現	この間
☐	날	名	日 (ひ)	☐	지다	動	負ける
☐	남성 〈男性〉	名	男性	☐	참가 〈參加〉	名	参加 [〜하다]
☐	도시 〈都市〉	名	都市	☐	파티 〈party〉	名	パーティー [〜하다]
☐	동생 〈同生〉	名	年下のきょうだい	☐	함께	副	一緒に
☐	맑다	形	晴れている	☐			

📖 文法ノート

27.1. ～する… [現在連体形]

　用言が体言を修飾する際の形を連体形という。朝鮮語の連体形には現在、未実現、過去の3種があるが、ここでは「～する…」という意味を表す現在連体形について学ぶ。現在連体形は、動詞／存在詞(있다、없다)は **I**-는 …、形容詞／指定詞(-이다、-가/이 아니다)は **II**-ㄴ …により作る。

🔊 活用Check！
1-3

타다 – 타는 곳 ／ 먹다 – 먹는 것 ／ 살다 – 사는 사람
(乗る)　　　　　(食べる)　　　　　(住む)

크다 – 큰 것 ／ 작다 – 작은 것 ／ 춥다 – 추운 날
(大きい)　　　　(小さい)　　　　　(寒い)

＋α

> ※ㄹ語幹用言における「ㄹ」の脱落に注意。
> ※「-인 …」(指定詞-이다の現在連体形)は、同格を表す。日本語では「～の…」と訳すと自然なことが多い。例：의사이다 – 의사인 형

　なお、**I**-고 있다(～ている)は動詞型、**I**-고 싶다(～たい)は形容詞型の活用をするので覚えておこう。

例 1. 버스를 타는 곳이 어디에 있어요?
　 2. 저는 추운 날이 너무 싫어요.
　 3. 지금 제일 만나고 싶은 사람이 누구예요?

練習 **1**　(　　)の用言を現在連体形にして、全体を日本語に訳してみよう。
例：(기다리고 있다) + 사람　→　기다리고 있는 사람　待っている人

〈A〉(1) (집에 가다) + 사람　　　　(2) (가장 크다) + 방
　　 (3) (손님이 없다) + 가게　　　(4) (살고 싶다) + 도시
　　 (5) (야구가 취미이다) + 동생　(6) (힘들다) + 일

〈B〉(1) (키가 작다) + 사람　　　　(2) (요즘 읽다) + 소설
　　 (3) (쓰고 있다) + 모자　　　　(4) (날씨가 맑다) + 날
　　 (5) (알다) + 동생　　　　　　(6) (가깝다) + 역

なお、後置否定形(**I**-지 않다)の現在連体形は、動詞は**I**-지 않는 …(動詞型)、形容詞は**I**-지 않은 …(形容詞型)により作ればよい。ここで前置否定形、後置否定形の現在連体形を整理してみよう。

보다 – 안 보다 – 안 보는 사람
(見る)
－ 보지 않다 – 보지 않는 사람

좋다 – 안 좋다 – 안 좋은 사람
(良い)
－ 좋지 않다 – 좋지 않은 사람

練習 **2** （　　）の用言を否定の現在連体形にして、全体を日本語に訳してみよう。
例：(놀다) ＋ 사람 → 안 노는 사람／놀지 않는 사람　遊ばない人

〈A〉（1）(회사에 오다) ＋ 여성　　　（2）(빠르다) ＋ 기차
　　（3）(고기를 먹다) ＋ 남성　　　（4）(머리를 감고 싶다) ＋ 사람

〈B〉（1）(맵다) ＋ 음식　　　（2）(꿈을 꾸다) ＋ 아이
　　（3）(학교 근처에 살다) ＋ 학생　　　（4）(가르쳐 주다) ＋ 선생님

27.2. ～する(であろう)… [未実現連体形]

まだ実現していないことについて「～するであろう、～するはずの…」と体言を修飾する際には、未実現連体形を用いる。未実現連体形は、**II**-ㄹ …により表す。

活用Check！
1-4
쓰다 – 쓸 편지 ／ 받다 – 받을 돈 ／ 만들다 – 만들 사람
(書く)　　　　(受け取る)　　　　(作る)

＋α
※ㄹ語幹用言における「ㄹ」の脱落に注意。
※未実現連体形により修飾される体言の最初の子音が平音の時には、濃音化するので注意。

この連体形は、**III**-ㅆ다(過去形)につくことも可能である。

썼다(書いた) － 썼을 가능성

받았다(受け取った) － 받았을 가능성

ところで、「〜する時／〜した時」という表現は、Ⅱ-ㄹ 때／Ⅲ-ㅆ을 때のように未実現連体形を用いて表現する。

좋다(良い) － 좋을 때 ／ 좋았을 때

바쁘다(忙しい) － 바쁠 때 ／ 바빴을 때

例 1. 내일 친구에게 받을 돈이 있어요.
　　2. 한국은 가장 추울 때가 몇 월이에요?

練習 3 （　　）の用言を未実現連体形にして、全体を日本語に訳してみよう。

例： 파티에서 (먹다) + 음식 → 　파티에서 먹을 음식　パーティーで食べる食べ物
　　 의자에 (앉았다) + 때 → 　의자에 앉았을 때　椅子に座った時

〈A〉(1) 해외로 여행을 (가다) + 생각　　(2) 시합에 (참가하다) + 때
　　 (3) 내일 아침에 (먹다) + 것　　　　(4) 음식을 (만들다) + 때
　　 (5) 돈이 (모자랐다) + 가능성　　　(6) 밖이 (어둡다) + 때

〈B〉(1) 선생님을 (찾아가다) + 예정　　　(2) (자다) + 시간
　　 (3) 사전을 (찾다) + 때　　　　　　 (4) 방이 (더우시다) + 때
　　 (5) 내일까지 이 일을 (끝내다) + 방법　(6) 잠에서 (깼다) + 때

▌27.3. 〜ことができる／〜ことができない［可能／不可能］

　可能表現「〜ことができる／〜ことができない」は、Ⅱ-ㄹ 수 있다／Ⅱ-ㄹ 수 없다により表す(この表現の中のⅡ-ㄹは、未実現連体形である)。この表現は、(1)能力可能、(2)状況可能の2つの意味で使用が可能である。

🔊 活用Check！
1-5
사다(買う) － 살 수 있다 ／ 살 수 없다

받다(受け取る) － 받을 수 있다 ／ 받을 수 없다

+α
> ※Ⅱ-ㄹ 수 있다／Ⅱ-ㄹ 수 없다の수は［쑤］と濃音化して発音される。このような音変化については、40.5.を参照。

　また、この表現は、英語の助動詞canと同様に「〜可能性がある(〜こともありえる)」という意味でも用いられる(以下の例3を参照)。

例 1. 이 돈으로는 사과를 살 수 없어요.
　2. 생일에는 선물을 받을 수 있어서 좋아요.
　3. 열심히 해도 시합에서 질 수 있어요.

練習 4 朝鮮語に訳してみよう。
〈A〉
（1）今夜、9時までに宿題を終わらせることができます。
（2）市場では、値段をまけることができます。
（3）韓国はまだ寒い可能性があります。
（4）横浜まで一緒に行くことができませんでした。

〈B〉
（1）私一人だけ（→私だけ一人）酒を飲むことはできません。
（2）カラム（가람）さんには、少し易しい可能性があります。
（3）明日、雨が降る可能性があります。
（4）時間がかなりかかる可能性があります。

27.4. その他の助詞（1）［助詞（7）］

　ここでは、既習の助詞のその他の用法を学ぶことにしよう。

① -에
　-에は、時や場所につく「〜に」という意味の他に「1,000円で買った」、「5本で100円だ」の「〜で」のように【価格】や【基準】を表すこともある。
例 두 시간에 세 명 정도 와요.

② -에게／한테
　-에게／한테は、「〜（人）に」という意味の他に「〜（人）のところに」という【所在】や【位置】を表すこともある。
例 명수 씨한테 차가 한 대 있어요.

③ -로／으로
　-로／으로は、手段・方法を表す「〜で」、方向を表す「〜に」という意味の他に【身分、資格】（〜として）、【原因】（〜で）、【材料】（〜で）を表すこともある。
例 1. 요즘은 친구로 지내고 있어요.
　2. 오늘 시험 준비로 어제 잠을 잘 수 없었어요.
　3. 한국에서도 과일로 술을 만들어요.

④ -부터

-부터는、「(時)から」という意味を表す他に「(まず)野菜から食べる」、「この部屋からあの部屋まで掃除する」の「〜から」のように【順序】や【範囲】を表すこともある。

例 십일과부터 이십사과까지 공부하면 돼요.

⑤ -까지

-까지는、「(場所/時)まで」という意味の他に「(極端な事物)まで」という【強調】を表すこともある。

例 지난주에 차까지 팔았어요.

⑥ -도

-도는、「〜も」という意味の他に【強調】を表すことがある。この場合は、日本語には訳されないこともある。

例 아직도 학교에 안 갔어요?

⑦ -를／을

-를/을は、「〜(目的語)を」という意味を表す他に【期間】や【回数】を表す語の後で使われることがある。この場合は、日本語に訳されないのが普通である。

例 한국어는 오 년을 공부했어요.

練習 **5**　（　）に適当な助詞を入れ、文を完成させ、日本語に訳してみよう

例：버스 (로) 학교 (에) 다녀요. バスで学校に通います。

〈A〉
（1）일주일（　　　）세 번 정도 운동을 해요.
（2）저（　　　）지금 오만원이 있어요.
（3）일본에는 유학생（　　　）왔어요.【資格】
（4）강남 역（　　　）는 버스를 타야 해요.【順番】

〈B〉
（1）친구를 세 시간（　　　）기다렸어요.
（2）저는 매운 음식（　　　）먹을 수 있어요.【強調】
（3）이 시간（　　　）뭐 하고 있어요?【強調】
（4）오늘 감기（　　　）수업에 나갈 수 없었어요.

会話しよう

1-7

カラムさんは、有紀さんとどこかに一緒に行きたいようです。

가람 : ① 유키 씨! 매운 음식도 먹을 수 있어요?

유키 : ② 그럼요. 저 매운 음식 좋아해요.

가람 : ③ 저한테 좋은 생각이 있거든요.

　　　　우리 떡볶이(를) 먹으러 가요!

유키 : ④ 좋아요. 그런데 맛있는 떡볶이를 파는 가게가 있어요?

가람 : ⑤ 네, 여기에서 15분 정도 가면 돼요. 지난번에 일본

　　　　친구가 한국에 유학생으로 왔을 때 같이 가 봤어요.

유키 : ⑥ 네, 좋아요. 그런데 아직도 비가 내려요.

　　　　우산을 가지고 가요.

コラム ◆ トッポギ

　本文に出てきたトッポギ(떡볶이)は、棒状の細長い餅(떡)を甘辛の唐辛子味噌(고추장)で炒めた韓国のB級グルメの定番。餅だけではなく、오뎅と呼ばれる魚介の練り物や野菜、ゆで卵を入れたり、天ぷら(튀김)などのトッピングをすることも。街の至る所にある屋台(포장마차〈布帳馬車〉)や、軽食店(분식점〈粉食店〉)などで食べることができる。

　なお、トッポギには、インスタント麺が入ったラポッキ(라볶이)や、牛肉が入った辛くない宮中トッポギ(궁중떡볶이)などの種類もあるので、試してみたい。

書いてみよう

（1）熱がある（→出る）時は、近くの（→近い）病院に行かなければなりません。

（2）星野さんと結婚（することが）できない理由があります。

（3）気にいらない食堂でもご飯を食べることができます。

（4）眠りから覚めた時、家に妹がいませんでした。

 伝えよう

（1）실례합니다. 홍대 가는 버스 타는 곳이 어디에 있어요?

　　실례합니다. (連体形)＿＿＿＿＿ 곳이 어디에 있어요?

（2）이번 주말에는 좀 쉴 생각이에요.

　　이번 주말에는 Ⅱ＿＿＿＿＿ ㄹ 생각이에요.

（3）저기, 길 좀 가르쳐 주실 수 있으실까요?

　　저기, Ⅲ＿＿＿＿＿ 주실 수 있으실까요?

（4）이건 다섯 개에 얼마예요?

　　이건 (数)＿＿＿＿＿ 개에 얼마예요?

単語バンク （会社）

주식〈株式〉(株式)　회장〈會長〉(会長)　사장〈社長〉(社長)
부장〈部長〉(部長)　과장〈課長〉(課長)　대리〈代理〉(代理)
사원〈社員〉(社員)　부서〈部署〉(部署)　조직〈組織〉(組織)
취직〈就職〉(就職)　채용〈採用〉(採用)　출근〈出勤〉(出勤)
퇴근〈退勤〉(退勤)　면접〈面接〉(面接)　사무실〈事務室〉(事務室)
회의〈會議〉(会議)　영업〈營業〉(営業)

薬を飲んだ後は、大丈夫だったようです

약 먹은 후에는 괜찮았던 것 같아요.

  単語と表現

1-8

☐	갑자기	副急に	☐	방금〈方今〉	副たった今
☐	개	名犬	☐	생활〈生活〉	名生活 [〜하다]
☐	공짜〈空-〉	名ただ、無料	☐	손잡이	名手すり
☐	넘다	動越える	☐	약하다〈弱-〉	形弱い
☐	눈물	名涙	☐	어젯밤	名昨晩
☐	담	名塀	☐	옛날	名昔
☐	데	名ところ	☐	잃어버리다	動なくしてしまう
☐	도와 주다	動手伝う、助けてあげる	☐	자격〈資格〉	名資格
☐	라면	名ラーメン	☐	적다	形少ない
☐	모든 〜	冠全ての〜、あらゆる〜	☐	줍다	動拾う ㅂ変
☐	몰래	副こっそり、隠れて	☐	찾아오다	動訪ねてくる
☐	반드시	副必ず	☐	흐리다	形曇っている

📖 文法ノート

▌28.1. 〜した… ［過去連体形］

　過去のことについて「〜した…」と体言を修飾する際には、過去連体形を用いる。過去連体形は、動詞は**Ⅱ**-ㄴ …、形容詞、存在詞(있다、없다、계시다)、指定詞(-이다、-가/이 아니다)は**Ⅲ**-ㅆ던 …により作る。

🔊 活用Check！
1-9

말씀하시다 − 말씀하신 분 ／ 만들다 − 만든 사람
(おっしゃる)　　　　　　　　　　　(作る)

비싸다　　 − 비쌌던 것 ／ 덥다　 − 더웠던 여름
(高い)　　　　　　　　　　　　 (暑い)

가수이다(歌手だ) − 가수였던 사람

선생님이다(先生だ) − 선생님이었던 사람

+α
> ※ㄹ語幹用言における「ㄹ」の脱落に注意。
> ※動詞の過去連体形(**Ⅱ**-ㄴ …)は、 27.1. で学んだ形容詞、指定詞の現在連体形と同形になることに注意。
> ※指定詞-이다の第Ⅲ語基は、パッチムなし体言につく場合には-여、パッチムあり体言につく場合には-이어となる(つまり、それぞれ-였던 …、-이었던 …という形になる)。

　なお、後置否定形 (**Ⅰ**-지 않다) の過去連体形は、動詞は**Ⅰ**-지 않은 (動詞型)、形容詞は**Ⅰ**-지 않았던 (形容詞型) により作ればよい。ここで前置否定形、後置否定形の過去連体形を整理してみよう。

보다 − 안 보다　 − 안 본 사람
(見る)
　　　　 − 보지 않다 − 보지 않은 사람

좋다 − 안 좋다　 − 안 좋았던 사람
(良い)
　　　　 − 좋지 않다 − 좋지 않았던 사람

ところで、「〜した後(に)」という表現は、過去連体形を用いて、Ⅱ-ㄴ 후(에)により表す。

찍다 – 찍은 후(에) ／ 놀다 – 논 후(에)
(撮る)　　　　　　　　　　(遊ぶ)

+α
※「〜した後（に）」は、Ⅱ-ㄴ 다음(에)、Ⅱ-ㄴ 뒤(에)という表現も用いられる。

例 1. 한글을 만든 분은 세종대왕입니다.
　　2. 더웠던 여름이 가고 추운 겨울이 오고 있어요.
　　3. 숙제를 다 한 후에 놀 수 있어요.

練習 1 （　　）の用言を過去連体形にして、全体を日本語に訳してみよう。
例：(한국어를 공부하다) + 학생 → 한국어를 공부한 학생
　　　　　　　　　　　　朝鮮語（韓国語）を勉強した学生

〈A〉
（1）(집을 나가다) +후　　　　　（2）(손잡이를 잡고 있다) + 손
（3）(돌아가고 싶다) + 고향　　　（4）(안경을 쓰다) + 학생
（5）(바쁘지 않다) + 여름방학　　（6）(어제 입어 보다) + 옷

〈B〉
（1）(대학교에 다니다) + 후　　　（2）(야구선수이다) + 친구
（3）(마실 수 있다) + 물　　　　（4）(여기에 앉아 계시다) + 할아버지
（5）(끌 수 없다) + 불　　　　　（6）(예전에는 잘생기다) + 선생님

28.2. 〜たことがある／〜たことがない［経験］

　経験の表現「〜たことがある／〜たことがない」は、動詞のⅡ-ㄴ 적이 있다／Ⅱ-ㄴ 적이 없다により表す(この表現の中のⅡ-ㄴは、過去連体形である)。

🔊 活用Check！
1-10
만나다(会う) – 만난 적이 있다 ／ 만난 적이 없다

읽다(読む) – 읽은 적이 있다 ／ 읽은 적이 없다

　なお、存在詞(있다、없다)、形容詞、指定詞 (-이다、-가/이 아니다)の場合は、Ⅲ-ㅆ던 적이 있다／Ⅲ-ㅆ던 적이 없다により表す。

例1．전에 연예인을 만난 적이 있어요.

　　2．재미없는 소설책을 읽은 적이 별로 없어요. 거의 재미있었어요.

練習 2 朝鮮語に訳してみよう。

〈A〉

（1）イギリスから友達が急に訪ねてきたことがあります。

（2）こっそり塀を越えたことがあります。

（3）財布をなくしてしまったことがありません。

（4）電話を先に切ったことがありません。

〈B〉

（1）私も外国に住みたかったことがあります。

（2）友達は、警察で会ったことがあります。

（3）名前を考えてみたことがあります。

（4）仁川（인천）空港から飛行機に乗ってみたことがあります。

28.3. 連体形のまとめ

ここで 27.1.、27.2.、28.1. で学んだ連体形について整理してみよう。

	現在	過去	未実現
動詞	Ⅰ-는	Ⅱ-ㄴ	Ⅱ-ㄹ
存在詞		Ⅲ-ㅆ던	
形容詞 指定詞	Ⅱ-ㄴ		

存在詞は、現在連体形では動詞型、過去連体形では形容詞型の活用をすることに注意。

活用Check！

1-11

배우다(習う) － 배우는 사람 ／ 배운 사람 ／ 배울 사람

있다(ある、いる) － 있는 사람 ／ 있었던 사람 ／ 있을 사람

　적다(少ない) － 적은 사람 ／ 적었던 사람 ／ 적을 때

선생님이다 － 선생님인 사람 ／ 선생님이었던 사람 ／ 선생님일 사람
　　(先生だ)

今度は、これらを尊敬形にしてみよう。

배우시다 - 배우시는 분 / 배우신 분 / 배우실 분

계시다 - 계시는 분 / 계셨던 분 / 계실 분

적으시다 - 적으신 분 / 적으셨던 분 / 적으실 분

선생님이시다 - 선생님이신 분 / 선생님이셨던 분 / 선생님이실 분

練習 **3**　（　　）の用言を適当な形（連体形）に変え、日本語に訳してみよう。
例：주운 지갑을 （돌려주다：返す） 적이 있어요.
　　→주운 지갑을 돌려준 적이 있어요.
　　　拾った財布を返したことがあります。

〈A〉
（1）모든 한국 남성들은 군대에 （가다：行く） 수 （있다：〜できる） 자격이 있어요.
（2）한국에서 매운 라면을 （먹다：食べる） 후, 눈물이 났어요.
（3）지금 （보고 있다：見ている） 영화가 제 친구가 （만들다：作る） 영화예요.
（4）（힘들다：つらい） 때 （도와 주시다：助けてくださる） 분이 저분이에요.
　　　　　　　　　　　　　　　　　　[「つらかった時」という表現を使って]

〈B〉
（1）옛날에 （가수이다：歌手だ） 친구가 지금은 회사원이에요.
（2）생활이 （어렵다：難しい） 친구를 （도와 주다：助けてあげる） 적이 있어요.
（3）어젯밤에는 집에도 （가다：行く） 수 없었어요.
（4）선생님께서 （계시다：いらっしゃる） 때, 가면 돼요.

28.4. ～そうだ、～ようだ［様態、推測］

連体形に **것 같다**をつけると、「～するようだ」(現在)、「～したようだ」(過去)、「～しそうだ、～するようだ」(未実現)という意味の表現になる。

	現在	過去	未実現
動詞	**Ⅰ**-는 것 같다	**Ⅱ**-ㄴ 것 같다	**Ⅱ**-ㄹ 것 같다
存在詞			
形容詞 指定詞	**Ⅱ**-ㄴ 것 같다	**Ⅲ**-ㅆ던 것 같다	

+α

※ **Ⅱ**-ㄹ 것 같다(～しそうだ)の것は[껃]と濃音化して発音される。このような音変化については、 40.5. を参照。

例 1. 가람 씨는 지금 집에 가는 것 같아요.
1-12
2. 가람 씨는 벌써 집에 간 것 같아요.
3. 가람 씨는 곧 집에 갈 것 같아요.
4. 이번 겨울은 추운 것 같아요.
5. 이번 겨울은 추웠던 것 같아요.
6. 이번 겨울은 추울 것 같아요.

練習 4 （　　）の用言を適当な形（連体形 + 것 같다）に変え、日本語に訳してみよう。
例 : 이 책은 (재미있다 : 面白い、 **Ⅱ**-ㄹ 것 같다).
　　→이 책은 재미있을 것 같아요.　 この本は面白そうです。

〈A〉
(1) 민수도 내일 친구하고 직접 (가 보다 : 行ってみる、 **Ⅱ**-ㄹ 것 같다).
(2) 송희 씨는 지금 집에서 (자다 : 寝る、 **Ⅰ**-는 것 같다).
(3) 진수 씨는 한국 여행이 (재미없다 : つまらない、 **Ⅲ**-ㅆ던 것 같다).
(4) 이 문제는 나에게 조금 (쉽다 : 易しい、 **Ⅱ**-ㄴ 것 같다).

〈B〉
(1) 오만원이 있으면 (되다 : よい、 **Ⅱ**-ㄹ 것 같다).
(2) 이 공연을 열심히 (준비하다 : 準備する、 **Ⅱ**-ㄴ 것 같다).
(3) 할머니께서는 벌써 (주무시다 : お休みになる、 **Ⅰ**-는 것 같다).
(4) 어제는 엄청 (바쁘다 : 忙しい、 **Ⅲ**-ㅆ던 것 같다).

会話しよう

トッポギの店で有紀さんは、カラムさんに釜山旅行について尋ねています。

유키 : ① 가람 씨, 이번에 부산에 놀러 갔을 때 날씨가 좋았어요?

가람 : ② 음, 흐렸던 날도 있었고, 맑았던 날도 있었어요.

유키 : ③ 같이 간 친구 중에 아팠던 사람은 없었어요?

가람 : ④ 음, 준호 씨가 갑자기 열이 좀 난 적이 있었어요.

유키 : ⑤ 오! 그래서 어떻게 했어요? 병원에 갔어요?

가람 : ⑥ 그럼요. 병원에서 열이 날 때 먹는 약을 받았어요.

　　　　약 먹은 후에는 괜찮았던 것 같아요.

コラム ◆ 釜山

　釜山(부산)は、韓国南東部に位置する韓国第２の都市である。海(바다)に面した街だけあって、夏になると海雲台(해운대)の海水浴場(해수욕장)には多くの人が詰めかけるほか、チャガルチ市場(자갈치시장)に行けば、取れたての魚介類(해산물〈海産物〉)をその場で味わえる。釜山の名物料理には色々あるが、とりわけ日本人に人気なのが、豚クッパ(돼지국밥)。豚骨ベースのダシなので、辛い物が苦手な人にもおススメ。釜山の言葉は慶尚道(경상도)方言と呼ばれ、ソウルを中心とした中部方言とはイントネーションや語尾などが異なるものが多いが、多様な朝鮮語の世界を体感するためにも是非出かけてみてほしい。

書いてみよう

（1）外から家に帰ってきた後は、手を洗わなければなりません。

（2）たった今、バスから降りた人は、芸能人ですか。

（3）この仕事は、ヒョンミン（현민）さんが上手にできそうです（→上手そうです）。

（4）私の友達は、高校の時に体が弱かったようです。

 伝えよう

（1）일본에 가 본 적 있어요?

　　(場所)＿＿＿＿＿에 가 본 적 있어요?

（2）청국장은 아직 먹어 본 적 없는 음식이에요.

　　(名前)＿＿＿＿＿는/은 아직 Ⅲ＿＿＿＿ 본 적 없는 (体言)＿＿＿＿＿이에요.

（3）비가 올 것 같아요!

　　Ⅱ＿＿＿＿ ㄹ 것 같아요!

（4）좋은 것 같아요 / 매운 것 같아요 / 재미있는 것 같아요.

　　(体言)＿＿＿＿＿는/은 (形容詞・存在詞などの連体形)＿＿＿＿＿ 것 같아요.

単語バンク（単位）

그램〈gram〉（グラム）　킬로그램〈kilogram〉（キログラム）

밀리미터〈millimeter〉（ミリメートル）　센티미터〈centimeter〉（センチメートル）

미터〈meter〉（メートル）　킬로미터〈kilometer〉（キロメートル）

時間が経つのは本当に速いです

시간이 참 빨라요.

  単語と表現

1-14

☐	가만히	副 じっと、静かに		☐	서두르다	動 急ぐ 르変
☐	건강 〈健康〉	名 健康 [～하다]		☐	서투르다	形 拙い 르変
☐	고르다	動 選ぶ 르変		☐	선 〈線〉	名 線
☐	기르다	動 育てる、飼う 르変		☐	선반	名 棚、網棚
☐	깨닫다	動 悟る ㄷ変		☐	스스로	副 自ら
☐	나르다	動 運ぶ 르変		☐	시키다	動 させる
☐	누르다	動 押す 르変		☐	싣다	動 載せる ㄷ変
☐	다르다	形 違う、異なる 르変		☐	알아듣다	動 聞き取る ㄷ変
☐	들르다	動 寄る		☐	오르다	動 上がる 르変
☐	따르다	動 注ぐ・従う		☐	오해 〈誤解〉	名 誤解 [～하다]
☐	무섭다	形 怖い ㅂ変		☐	이사 〈移徙〉	名 引っ越し [～하다]
☐	묻다	動 尋ねる ㄷ変		☐	자동차 〈自動車〉	名 自動車
☐	믿다	動 信じる		☐	잔디밭	名 芝生
☐	배가 부르다	表現 お腹が一杯だ 르変		☐	잘못	名 誤り、間違い [～하다]
☐	부르다	動 歌う、呼ぶ、(お腹が)一杯だ 르変		☐	전혀 〈全－〉	副 全く、全然
				☐	질문 〈質問〉	名 質問 [～하다]
☐	분수 〈噴水〉	名 噴水		☐	짐	名 荷物
☐	빠르다	形 速い 르変		☐	흐르다	動 流れる 르変

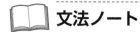 **文法ノート**

29.1. ㄷ変格用言

　語幹末がㄷ(디귿)である用言の中には、不規則な活用をするものがある。このような用言を「ㄷ変格用言」とよぶ。ㄷ変格用言は、第Ⅰ語基においては規則的な活用をするが(＝基本形から-다を取った形)、第Ⅱ、Ⅲ語基においては以下のように不規則な振る舞いをする。

> ㄷ変格用言は、第Ⅱ語基、第Ⅲ語基で正格用言の規則により得られた語基形のㄷがㄹに変わる。

　例えば、듣다(聞く)、걷다(歩く)の3つの語基は、以下のようになる。

🔊 **活用Check！**
1-15

　　　　듣다 : Ⅰ 듣-　Ⅱ 들으-　Ⅲ 들어-

　　　　걷다 : Ⅰ 걷-　Ⅱ 걸으-　Ⅲ 걸어-

上の2つの用言にⅠ-습니다、Ⅱ-면서、Ⅲ-요、Ⅲ-ㅆ어요をつけてみよう。

　　　듣습니다 ／ 들으면서 ／ 들어요 ／ 들었어요

　　　걷습니다 ／ 걸으면서 ／ 걸어요 ／ 걸었어요

　なお、닫다(閉める)、믿다(信じる)、받다(受け取る)は、ㄷ変格用言ではなく、正格用言であるので注意。

　　　　　닫다 : Ⅰ 닫-　Ⅱ 닫으-　Ⅲ 닫아-

例 1. 김 선생님께서는 자주 라디오를 들으세요.
　　2. 자동차에 짐을 많이 실었어요.

ところで、ㄷ変格用言は 23.1. で学んだㄹ語幹の用言と活用が似ているので注意を要する。듣다(聞く)、들다(持つ)に Ⅰ-습니다/Ⅱ-ㅂ니다、Ⅱ-면서、Ⅲ-요、Ⅲ-ㅆ어요がついた形を比較してみよう。

듣다 - 듣습니다 / 들으면서 / 들어요 / 들었어요

들다 - 듭니다 / 들면서 / 들어요 / 들었어요

〈ㄷ変格用言〉　걷다、깨닫다、듣다、묻다(尋ねる)、싣다、알아듣다
〈正格用言〉　　굳다、닫다、묻다(埋める)、믿다、받다、얻다

練習 1 次の用言に Ⅰ-습니다、Ⅱ-면서、Ⅲ-요、Ⅲ-ㅆ어요をつけて言ってみよう。
例：듣다 (聞く) → 듣습니다、들으면서、들어요、들었어요

〈A〉
（1）걷다 （歩く）　　　　　　（2）묻다 （尋ねる）
（3）닫다 （閉める）　　　　　（4）싣다 （載せる）

〈B〉
（1）깨닫다 （悟る）　　　　　（2）믿다 （信じる）
（3）알아듣다 （聞き取る）　　（4）받다 （受け取る）

練習 2 （　）の用言を指示された形に変え、日本語に訳してみよう。
例：오늘은 많이 （걷다：歩く、Ⅲ-서） 너무 피곤해요.
　　→오늘은 많이 걸어서 너무 피곤해요.
　　　今日はたくさん歩いたので、とても疲れました。

〈A〉
（1）학교까지는 보통 （걷다：歩く、Ⅲ-야） 해요.
（2）우리집 개는 말을 잘 （알아듣다：聞き取る、Ⅲ-요）.
（3）쓰레기를 많이 （싣다：載せる、Ⅱ-ㄴ） 차가 오고 있어요.
（4）그 이야기를 （듣다：聞く、Ⅱ-ㄴ） 적은 있어요.

〈B〉
（1）잘못을 빨리 （깨닫다 : 悟る、**Ⅱ**-면） 돼요.
（2）오늘은 혼자 좀 （걷다 : 歩く、**Ⅰ**-고） 싶어요.
（3）（묻다 : 尋ねる、**Ⅰ**-고 싶다、**Ⅱ**-은） 질문은 나중에 하세요.
（4）모르는 사람에게 길을 （묻다 : 尋ねる、**Ⅲ**-φ보다、**Ⅲ**-ㅆ어요）.

▌ 29.2. 르変格用言

　語幹末が르である用言の中には、不規則な活用をするものがある。このような用言を「르変格用言」とよぶ。르変格用言は、第Ⅰ語基と第Ⅱ語基においては他の母音語幹用言同様、規則的な活用をするが(＝基本形から-다を取った形)、第Ⅲ語基においては以下のように不規則な振る舞いをする。

> 르変格用言は、第Ⅲ語基で語幹(第Ⅰ語基)末の르が脱落し、르の前の母音が陽母音(ㅏ、ㅗ)であれば-ㄹ라-が、陰母音(ㅏ、ㅗ以外)であれば-ㄹ러-がつく。

　例えば、모르다(知らない、わからない)、부르다(歌う、呼ぶ、(お腹が)一杯だ)の3つの語基は、以下のようになる。

🔊》 **活用Check！**
1-16

　　　모르다 : **Ⅰ** 모르-　**Ⅱ** 모르-　**Ⅲ** 몰라-

　　　부르다 : **Ⅰ** 부르-　**Ⅱ** 부르-　**Ⅲ** 불러-

　上の2つの用言に**Ⅱ**-ㅂ니다、**Ⅲ**-요、**Ⅲ**-ㅆ습니다、**Ⅲ**-ㅆ어요をつけてみよう。

모릅니다 / 몰라요 / 몰랐습니다 / 몰랐어요

부릅니다 / 불러요 / 불렀습니다 / 불렀어요

　なお、따르다(注ぐ・従う)、들르다(寄る)は、르変格用言ではなく、25.1. で学んだ으語幹用言なので、注意すること。

따르다 : **Ⅰ** 따르-　**Ⅱ** 따르-　**Ⅲ** 따라-

〈르変格活用〉고르다、기르다、나르다、누르다、다르다、모르다、
　　　　　　　부르다、빠르다、서두르다、오르다、흐르다、서투르다
〈으語幹用言〉들르다、따르다

例 1. 저는 그 사람을 전혀 몰라요.
　　2. 친구가 운동장에서 저를 불렀어요.

練習 3 次の用言に II-ㅂ니다、III-요、III-ㅆ습니다、III-ㅆ어요をつけて言ってみよう。
例 : 모르다（知らない、わからない）→ 모릅니다、몰라요、몰랐습니다、몰랐어요

〈A〉
（1）빠르다（速い）　　　　　（2）다르다（違う、異なる）
（3）고르다（選ぶ）　　　　　（4）오르다（上がる）

〈B〉
（1）흐르다（流れる）　　　　（2）부르다（呼ぶ）
（3）누르다（押す）　　　　　（4）서두르다（急ぐ）

練習 4 （　）の用言を指示された形に変え、日本語に訳してみよう。
例 : 예쁜 사과를（고르다 : 選ぶ、III-φ 봤어요）.
　　→예쁜 사과를 골라 봤어요.　　きれいなリンゴを選んでみました。

〈A〉
（1）버스가 너무（빠르다 : 速い、III-서）무서웠어요.
（2）얼굴과 사진이 많이（다르다 : 違う、III-서）깜짝 놀랐어요.
（3）어제 이사를 해서 짐을 많이（나르다 : 運ぶ、III-ㅆ어요）.
（4）한국도 물건값이 많이（오르다 : 上がる、III-ㅆ어요）.

〈B〉
（1）한국어가 아직（서투르다 : 拙い、III-요）.
（2）시간이 없으니까（서두르다 : 急ぐ、III-야 돼요）.
（3）배가 너무（부르다 : 一杯だ、III-서）좀 걷고 싶어요.
（4）버스에서 내릴 때에는 벨을（누르다 : 押す、III-야 돼요）. [벨 : ベル]

29.3. ～ないでください [丁寧な禁止]

丁寧な禁止表現「～ないでください」は、**I**-지 마십시오／마세요により表す。

🔊 活用Check！
1-17

이야기하다(話す) － 이야기하지 마십시오 ／ 이야기하지 마세요

먹다(食べる) － 먹지 마십시오 ／ 먹지 마세요

ところで、この表現は、いずれも**I**-지 말다(～しない)の命令文(尊敬形の**II**-ㅂ시오／**II**-세요)である。この**I**-지 말다は、**I**-지 않다(～しない)とは異なり、ここで学んだ丁寧な禁止表現や「**I**-지 말고+命令／勧誘」(～しないで、…)という文型において使われる。

例 1. 수업 시간에는 친구와 이야기하지 마세요.
　 2. 과자는 드시지 말고 과일을 좀 드세요.
　 3. 명동으로 가지 말고 강남으로 갈까요?

練習 **5** 「～ないでください」という形に変えてみよう。
例：분수 안으로 들어가다 (噴水の中に入る)
　　→분수 안으로 들어가지 마십시오／분수 안으로 들어가지 마세요.

(1) 이 선을 넘다 (この線を越える)
(2) 잔디밭 위에 눕다 (芝生の中に横たわる)
(3) 아이에게 과자를 주다 (子供にお菓子を与える)
(4) 선반 위에 물건을 놓다 (網棚の上にものを置く)

練習 **6** 「～ないで、～てください」という文を作ってみよう。
例：책을 읽다 (本を読む) ／ 좀 쉬다 (ちょっと休む)
　　→책을 읽지 말고 좀 쉬세요.

(1) 전화를 끊다 (電話を切る) ／잠시 기다리다 (しばらく待つ)
(2) 다른 사람을 시키다 (他の人にさせる) ／스스로 하다 (自分でする)
(3) 결혼하다 (結婚する) ／혼자 살다 (一人で暮らす)
(4) 밤늦게까지 공부하다 (夜遅くまで勉強する) ／일찍 자다 (早く寝る)

会話しよう

1-18

韓国に語学研修に来ていたメイさんが帰国するようです。

가람 : ① 그 이야기 알고 있어요?

　　　　메이 씨가 다음 달에 일본으로 돌아가는 것 같아요.

유키 : ② 네. 저도 들었어요. 다음 달 18일인 것 같아요.

가람 : ③ 저는 지금까지 전혀 몰랐어요.

유키 : ④ 네. 시간이 참 빨라요.

　　　　그런데 혹시 메이 씨(를) 좋아해요?

　　　　왜 이렇게 놀란 얼굴이에요?

가람 : ⑤ 아, 오해하지 마세요. 메이 씨는 좋은 친구니까….

コラム ◆ ビザと外国人登録証

　日本人が韓国に入国(입국)する場合、滞在期間が90日以内であれば、基本的にはビザ(비자)が免除(면제)される。ただし、91日を超える場合、あるいは90日以内であっても就労目的の場合にはビザが必要となるので注意しよう。

　ビザを取得して韓国に入国後、外国人登録をすると、外国人登録証(외국인등록증)の発給(발급)を受けることになる。この外国人登録証は、韓国籍所有者に付与される住民登録証(주민등록증)と同じ意味合いを持つもので、住居や携帯電話、インターネットの契約(계약)の際などに必要になる。

書いてみよう

（1）選んでみてください。よいもの（→品物）がたくさんあります。

（2）知らない道を尋ねてみながら訪ねていきました。

（3）横になっていないで、少し急いで（みて）ください。

（4）警察を呼びました。どこかに行かないでください。［어디（どこかに）を使って］

 伝えよう

（1）어디에 물어 보면 돼요?

（2）저는 요새 ○○○ 노래를 잘 들어요. 가람 씨는요?

　　　저는 요새 (歌手)＿＿＿＿＿ 노래를 잘 들어요. (名前)＿＿＿＿＿ 씨는요?

（3）그냥 편하게 유키라고 불러 주세요!　［편하게：楽に］

　　　그냥 편하게 (名前)＿＿＿＿＿ (이)라고 불러 주세요!
　　　※パッチムなしの名前＋-라고：〜と、〜って　44.4
　　　　パッチムありの名前＋-이라고：〜と、〜って　44.4

（4）아니에요! 신경 쓰지 마세요.

　　　아니에요! ▮＿＿＿＿지 마세요.

> ● **単語バンク（穀物、果物）**
> ● 쌀（米）　보리（大麦）　밀（小麦）　옥수수（トウモロコシ）
> ● 수박（西瓜）　포도〈葡萄〉（葡萄）　감（柿）　딸기（苺）　멜론〈melon〉（メロン）　배（梨）
> ● 바나나〈banana〉（バナナ）　복숭아（桃）　자몽〈zamboa〉（グレープフルーツ）　참외（まくわうり）

うちの学校の学生の中で一番美しい人です

우리 학교 학생 가운데 가장 예쁜 사람이에요.

  単語と表現

1-19

☐	가게	名店	☐	비밀〈祕密〉	名秘密
☐	감기에 걸리다〈感氣-〉	表現風邪を引く	☐	사실(은)〈事實-〉	表現実は
☐	겨우	副やっと	☐	서점〈書店〉	名本屋
☐	그렇지만	接けれど、でも	☐	아무것도	表現何も（～ない）
☐	꽃	名花	☐	알려 주다	動教えてあげる
☐	나오다	動出てくる	☐	연락처〈連絡處〉	名連絡先
☐	따뜻하다	形暖かい	☐	연습〈練習〉	名練習 [～하다]
☐	마음이 무겁다	表現気が重い ㅂ変	☐	운전〈運轉〉	名運転 [～하다]
☐	마음이 아프다	表現胸が痛い、心が痛む	☐	이기다	動勝つ
☐	모음〈母音〉	名母音	☐	카메라〈camera〉	名カメラ
☐	바람	名風	☐	토마토〈tomato〉	名トマト
☐	바람이 불다	表現風が吹く	☐	피다	動咲く
☐	밝다	形明るい	☐	하늘	名空
☐	별로〈別-〉	副別に	☐	훨씬	副ずっと（比較）
			☐	힘(이) 들다	表現骨が折れる、大変だ、難しい

※助詞は 30.5. を参照。

※자음〈子音〉 名子音

文法ノート

30.1. ～ねぇ［詠嘆］

　朝鮮語の詠嘆形には、２種類が存在する。１つは話の現場で感じたことをとっさに表現する発見的詠嘆、もう１つは話の内容について思ったこと、理解したことを整理して表現する確認的詠嘆である。

発見的詠嘆	確認的詠嘆	
全ての用言	動詞	形容詞、存在詞、指定詞
Ⅰ-네요	Ⅰ-는군요	Ⅰ-군요

　確認的な詠嘆は、否定形や尊敬形になった場合も動詞にはⅠ-는군요が、形容詞・存在詞・指定詞にはⅠ-군요がつく。ただし、過去形の場合は、品詞に関わらず一律にⅠ-군요がつくので注意。

活用Check！
1-20

읽다 – 읽네요 ／ 읽지 않네요 ／ 읽으시네요 ／ 읽었네요
（読む）
　　　읽는군요 ／ 읽지 않는군요 ／ 읽으시는군요 ／ 읽었군요

크다 – 크네요 ／ 크지 않네요 ／ 크시네요 ／ 컸네요
（大きい）
　　　크군요 ／ 크지 않군요 ／ 크시군요 ／ 컸군요

例 1. 날씨가 꽤 춥네요!
　 2. 밖에 비가 왔군요!

練習 1　（　　）の用言を２つの詠嘆形に変え、ニュアンスの違いに注意して、それぞれ日本語に訳してみよう。
例：이 둘이 (비슷하다) → 이 둘이 비슷하네요!／이 둘이 비슷하군요!
　　　　　　　　　　　　この２人は似ていますねぇ。
〈A〉
（1）잘생긴 선생님 (이시다)　　（2）유리 씨가 (잘못했다)
（3）토마토를 (싫어하시다)　　（4）마음이 (아프다)

41

〈B〉
（1）오늘은 날씨가 （흐리다）　　　（2）좋은 （카메라였다）
（3）책상 위에 아무것도 （없다）　　（4）일찍 （일어났다）

30.2. ～ますね、～ますよ ［約束］

　自身の行為への約束を示す「～ますね、～ますよ」は、**Ⅱ**-ㄹ게요により表す（発音は必ず［ㄹ께요］となるので注意）。主語は1人称に限定され、平叙文でのみ用いられる。

◀)) 活用Check！
1-21
설명하다（説明する）－ 설명할게요

읽다（読む）－ 읽을게요

例1．오늘부터 열심히 한국어 공부를 할게요.
　2．제가 한번 먹어 볼게요.

練習 **2** 　（　　）の用言を**Ⅱ**-ㄹ게요に変え、日本語に訳してみよう。
例：제가 （남다）→ 제가 남을게요. 私が残りますよ。

〈A〉
（1）지금 그 가게 연락처를 （알려 주다）　（2）이번 시합에서 꼭 （이기다）
（3）다음 주에 그 책을 꼭 （읽다）　　　　（4）교과서 단어들 전부 （외우다）

〈B〉
（1）여기에서 （놀고 있다）　　　　　　　（2）그 영화를 저도 （봐 보다）
（3）이제 전화를 （끊다）　　　　　　　　（4）다음에 （놀러 가다）

30.3. ～より、～の中で一番、～に比べて ［比較］

　ここでは、比較表現をいくつか紹介する。

① A는/은 B보다 **더** …（Aは、Bより…だ）
　A보다 B가/이 **더** …（AよりB（の方）が…だ）
② A **가운데（중에）** B가/이 가장 …（Aの中でBが最も…）
③ A**에 비해** B는/은 …（Aに比べて、Bは…）

+α
> ※「Aは、Bより…だ」、「AよりB（の方）が…だ」という際、朝鮮語では、述語の前に副詞「더」（もっと）を入れて、「Aは、Bより もっと …だ」、「AよりBが もっと …だ」のように表現することが普通である。
> ※②の下線部は、「안에서」に置き換えることはできないので注意。

◀))) 例 1-22
1. 미국은 한국보다 훨씬 더 커요.
2. 학생들 가운데（중에） 지현 씨가 가장 크네요！
3. 일본어에 비해 한국어는 모음이 많군요.

練習 3 朝鮮語に訳してみよう。

〈A〉
（1）私は、冬より夏の方がいいです。
（2）友達の中でジス（지수）さんが最も早く着きました。
（3）韓国に比べ、日本はそんなに寒くありません。
（4）昨日より今日の方が暖かいですねぇ。[発見的詠嘆]

〈B〉
（1）韓国の食べ物の中で、トッポギが一番好きです。
（2）昨日見た映画に比べて、今日見た映画はあまり面白くないです。
（3）あのズボンよりはこのズボンの方が高いですねぇ。[発見的詠嘆]
（4）旅行に行くことより家にいることの方が好きです。[Ⅰ-는 것を使って]

▌30.4. ～けれど、～が [逆接]

　逆接を示す「～けれど、～が」は、Ⅰ-지만により表す。このⅠ-지만は、안 ～／Ⅰ-지 않다（否定）、Ⅱ-시다（尊敬）、Ⅲ-ㅆ다（過去）、Ⅱ-셨다（尊敬＋過去）などにもつけることができる。

◀))) 活用Check！
1-23
보다 – 보지만 ／ 보지 않지만 ／ 보시지만 ／ 봤지만 ／ 보셨지만
（見る）

바쁘다 – 바쁘지만 ／ 바쁘지 않지만 ／ 바쁘시지만 ／ 바빴지만 ／ 바쁘셨지만
（忙しい）

+α
> ※日常生活では、話しかける際に、실례지만（失礼ですが）、미안하지만（すみませんが）といった表現がよく使われる。

例 1. 물건은 좋지만 값이 좀 비싸요.
　2. 시험공부를 열심히 했지만 떨어졌어요.

練習 **4** （　）の用言を **I**-지만に変え、日本語に訳してみよう。
例：사장님에게 （갔다：行った） 자리에 계시지 않았어요.
　　→사장님에게 갔지만 자리에 계시지 않았어요.
　　　社長のところに行きましたが、いらっしゃいませんでした。

〈A〉
（1）밖은 아직 （밝다：明るい） 벌써 8시예요.
（2）아직 꽃이 （피어 있다：咲いている） 지금은 겨울이에요.
（3）바람이 （불고 있다：吹いている） 학교에 가야 해요.
（4）아르바이트는 매우 （바쁘다：忙しい） 재미있어요.

〈B〉
（1）지금 열심히 （가고 있다：行って （向かって） いる） 늦을 것 같아요.
（2）운전 연습을 （하셨다：なさった） 결과는 좋지 않았어요.
（3）저분은 （영어 선생님이시다：英語の先生でいらっしゃる） 한국어를 더 잘해요.
（4）그 사람이 （앉아 있다：座っている） 사실은 제 자리이거든요.

30.5. その他の助詞（2）［助詞（8）］

ここでは、新たな助詞をいくつか学ぶ。

① -나／이나
1-24
　　-나はパッチムなし体言に、-이나はパッチムあり体言につく。

　1. 消極的選択：「～でも」という意味を表す。-라도／이라도に置き換えることが可能。
　　例 우리 같이 커피나 마셔요.

　2. 選択肢：「～や」という意味を表す。
　　例 주말에는 도서관이나 서점에 가요.

　3. 驚き：数量を表す語について「～も」という意味を表す。
　　例 여행에 200만원이나 들었어요?

　4. 概数：数量を問う疑問詞について「～ぐらい」という意味を表す。
　　例 오늘은 손님이 얼마나 올 것 같아요?

5．全体包含：疑問詞について、「～でも」という意味を表す。
　　例 좋은 사람은 어디나 있어요.

② -만「～だけ」［限定］
　　例 저는 오늘만 시간이 있어요.

③ -조차「～さえ、～すら」［極端な例］
　　例 현수는 지금 물조차 마실 수 없어요. 많이 아프거든요.

④ -밖에「～しか」［限定］　　※後には否定表現がくる。
　　例 저는 오늘밖에 시간이 없어요.

練習 5 （　　　）に適当な助詞を入れ、文を完成させ、日本語に訳してみよう
　　　　　　　　　　　　　　　　　　　（答えは１つとは限らない）。

例：버스(로) 학교(에)다녀요. バスで学校に通います。

〈A〉
（1）우리 같이 영화(　　　) 봅시다.
（2）어제 열 시간(　　　) 잤어요.
（3）누구(　　　) 아는 이야기는 하지 마세요.
（4）현수 씨(　　　) 오지 않아서 너무 슬펐어요.

〈B〉
（1）김치찌개(　　　) 비빔밥이 좋을 것 같아요.
（2）오늘은 여기까지(　　　) 공부할게요.
（3）지금부터 몇 분(　　　) 걸릴까요?
（4）지금 가진 돈은 삼만원(　　　) 없네요.

会話しよう

1-25

授業の前に有紀さんがカラムさんに話しかけます。

유키：① 메이 씨에게 연락이 없네요. 보고 싶지 않아요?

가람：② 친구니까 보고 싶지만요, 괜찮아요.

　　　　사실 저 진짜 좋아하는 사람 있어요.

유키：③ 오! 그 사람 이름 가르쳐 줄 수 있어요?

가람：④ 비밀이에요. 나중에 알려 줄게요.

　　　　우리 학교 학생 가운데 가장 예쁜 사람이에요.

유키：⑤ 별로 알고 싶지 않거든요.

　　　　저는 책이나 읽으러 갑니다.

コラム ◆ 様々な感嘆詞

　一般的に韓国人は日本人より感情表現が豊かであると言われる。ここでは、韓国人がよく使う感嘆詞をいくつか紹介しよう。

세상에！(なんてこと！、信じられない) [直訳] 世界に！
아이고！(あぁ！) ☞第28課
어머！(あら！) ※女性語　☞第21課
어휴！(はぁ！) ※ため息をつきながら
와！(わぁ！、おぉ！)
헉！(うわぁ！) ※書きことば的

書いてみよう

（１）最近習っている朝鮮語は、中国語に比べ難しいですが、一生懸命に頑張ります。

[約束の表現を使って]

（２）この建物が、この都市にある建物の中で一番高いんですねぇ。[確認的詠嘆]

（３）私はプルコギよりビビンバが好きですが、ビビンバがなければ、プルコギを食べればいいです。

（４）学校に１人で行ったこと(적)より、友達と一緒に行ったこと(적)の方が多いです。

 伝えよう

（１）날씨가 정말 좋네요！

Ⅰ_____네요！

（２）엄마！오늘은 집에 가서 밥 먹을게요.

오늘은 Ⅱ_____ㄹ게요.

（３）내일은 학교에 가는 것보다 집에 있는 것이 더 좋을 것 같아요.

내일은 (連体形)_____ 것보다 (連体形)_____ 것이 더 좋을 것 같아요.

（４）이제 30분밖에 없어요. 서둘러야 해요！

(体言)_____밖에 없어요. Ⅲ_____야 해요！

単語バンク（花)

벚꽃〈桜〉　무궁화〈無窮花〉(むくげ)　진달래 (つつじ)
민들레 (たんぽぽ)　동백꽃 (つばき)　국화〈菊花〉(菊)　장미〈薔薇〉(薔薇)
백합〈百合〉(百合)　개나리 (れんぎょう)

私とご飯食べる時間、ありますよね

저하고 밥 먹을 시간 있죠?

 単語と表現

1-26

☐	가끔	副時々	☐	바다	名海
☐	가져가다	動持って行く	☐	비밀번호〈秘密番號〉	名暗証番号
☐	계단〈階段〉	名階段	☐	서로	副互いに、共に
☐	그대로	副そのまま	☐	설탕〈雪糖〉	名砂糖
☐	냄새	名におい	☐	소금	名塩
☐	냄새가 나다	表現においがする	☐	손수건	名ハンカチ
☐	노력〈努力〉	名努力 [〜하다]	☐	실례〈失禮〉	名失礼 [〜하다]
☐	다치다	動怪我する	☐	아까	副さっき
☐	들리다	動聞こえる	☐	안되다	形ダメだ、うまくいかない
☐	들어오다	動入ってくる	☐	역시	副やはり
☐	땀	名汗	☐	젊다	形若い
☐	뜨겁다	形熱い ㅂ変	☐	찬물	名冷たい水
☐	마치다	動終わる、終える	☐	휴가〈休暇〉	名休み
☐	만화〈漫畫〉	名漫画	☐		

文法ノート

31.1. 〜んですが、… [前置き]

前置きの表現「〜んですが、…」は、以下のように表す。

活用Check！
1-27

		基本形	〜んですが	
動詞	母音語幹	마시다 (飲む)	Ⅰ-는데	마시는데
	子音語幹	읽다 (読む)		읽는데
	ㄹ語幹	살다 (住む)		사는데
存在詞	–	있다 (ある、いる)		있는데
	–	없다 (ない、いない)		없는데
形容詞	母音語幹	바쁘다 (忙しい)	Ⅱ-ㄴ데	바쁜데
	子音語幹	작다 (小さい)		작은데
	ㄹ語幹	멀다 (遠い)		먼데
指定詞	–	-이다 (〜である)		-인데
	–	-가/이 아니다 (〜ではない)		-가/이 아닌데

＋α

※ 27.1. で学んだ現在連体形と同じ活用であることに気が付けば、覚えやすいだろう。

※ ㄹ語幹用言における「ㄹ」の脱落に注意。

※ この表現は、文脈によっては理由表現（〜ので、〜ですし）のように訳出した方が自然なことがあるほか、逆接（〜けれど、〜のに）の意味を持つこともある。

例 1. 지금 만화를 보고 있는데 너무 재미있네요.
　 2. 이게 너무 어려운데 다음에 해도 돼요?
　 3. 주희는 회사원인데 저는 아직 학생이에요.

また、以下の点にも注意すること。

> 1. 後置否定形（**Ⅰ**-지 않다）は、動詞は**Ⅰ**-지 않는데（動詞型）、形容詞は**Ⅰ**-지 않은데（形容詞型）になる。
> 2. 尊敬形（**Ⅱ**-시다）は、動詞は**Ⅱ**-시는데（動詞型）、形容詞・指定詞は**Ⅱ**-신데（形容詞型）になる。
> 3. 過去形（**Ⅲ**-ㅆ다）は、全ての用言が**Ⅲ**-ㅆ는데になる。

🔊 活用Check！
1-28

가다 - 가지 않는데 / 가시는데 / 갔는데 / 가셨는데
（行く）

크다 - 크지 않은데 / 크신데 / 컸는데 / 크셨는데
（大きい）

+α

> ※この形は、（上で見たように）接続形として複文を作る際にも用いられるが、17.4.で学んだ丁寧さを表す-요をつけて、**Ⅰ**-는데요、**Ⅱ**-ㄴ데요のように言うと、「〜するんですが」、「〜なんですが」と断定を避けて事実を婉曲に伝える表現にもなる。

例 1. 아직 젊으신데 더 노력해 보세요.
  2. 일 년 전에는 학생이었는데 지금은 회사원이에요.

練習 **1** （　　）の用言を**Ⅰ**-는데、**Ⅱ**-ㄴ데に変え、日本語に訳してみよう。
例：밖에 비가 （오다：降る） 우산을 가져가세요.
　　→밖에 비가 오는데 우산을 가져가세요.
　　　外は雨が降っているんですが（ので）、傘を持って行ってください。

〈A〉
(1) 좋은 （냄새가 나다：においがする） 무슨 음식을 만들고 있어요?
(2) 저는 아직 （학생이다：学生だ） 안 가면 안 돼요?
(3) 땀이 많이 （나시다：お出になる） 저한테 손수건이 있어요.
(4) 커피가 너무 （뜨겁다：熱い） 찬물 좀 주세요.

〈B〉
(1) 시청에 （가고 싶다：行きたい） 어떻게 가요?　[시청（市庁）]
(2) 아까 불고기를 （먹어 봤다：食べてみた） 정말 맛있었어요.
(3) 저는 숙제를 다 （했다：した） 쉬어도 돼요?
(4) 수진 씨는 커피를 （마시지 않다：飲まない） 돈을 내야 해요?

31.2. ～つもりだ、～そうだ［意思、判断］

　話している現場における話者の意思や判断を示す「～つもりだ、～そうだ」は、Ⅰ-겠다により表す。日本語の意味は、おおよそ主語により判別が可能で、1・2人称であれば「～つもりだ」（2人称主語は疑問文になる）、3人称であれば「～そうだ」と訳せることが多い。

🔊 活用Check！　기다리다（待つ）- 기다리겠다
1-29
　　　　　　　　　묻다（尋ねる）- 묻겠다

　なお、Ⅰ-겠다は、안 ～／Ⅰ-지 않다（否定）、Ⅱ-시다（尊敬）、Ⅲ-ㅆ다（過去）、Ⅱ-셨다（尊敬＋過去）などにもつけることができる。

기다리다 - 기다리지 않겠다／기다리시겠다／
　　　　　　기다렸겠다／기다리셨겠다

묻다 - 묻지 않겠다／물으시겠다／물었겠다／물으셨겠다

＋α
※ 20.3. で学んだように「～なさった」（尊敬の過去形）は、まず尊敬形Ⅱ-시다を作り、それを過去形Ⅲ-ㅆ다にすることで得られるため、結果としてⅡ-셨다となる。さらに、これに判断の意味を加えた「なさっただろう」は、Ⅱ-셨다の第Ⅰ語基に-겠다をつけた形、すなわちⅡ-셨겠다により表す。つまり、［①尊敬形⇒②過去形⇒③意思・判断形］という順により形を作ることになる。
※ 30.1. で学んだ発見的詠嘆のⅠ-네요（～ねぇ）とともに使われたⅠ-겠네요は、「～でしょうねぇ」のように話している現場における判断を詠嘆的に述べる際に用いられる。

　また、Ⅰ-겠다は、알겠습니다（かしこまりました）や모르겠습니다（わかりません）、잘 부탁드리겠습니다（よろしくお願いいたします）など慣用表現の中で使われると、婉曲さを表す。

例 1. 싱거운데 저는 소금을 더 넣겠어요.
　 2. 선생님께서 곧 가시겠어요.

練習 2 日本語／朝鮮語に訳してみよう。
〈A〉
（1）실례하겠습니다.
（2）아이들이 다칠 수 있겠어요.

（3）そのまま置かれますか。

（4）授業が夜遅く終わりそうです。大丈夫ですか。

〈B〉

（1）저는 계단으로 가겠어요.

（2）저도 한번 먹어 보겠습니다.

（3）今度の休みには、必ず海に行くつもりです。

（4）ドアをしっかり閉めてください。猫が入ってきそうです。

31.3. 〜でしょう ［確認、同意］

確認や同意を求める表現「〜でしょう、〜ですよね、〜ますよね」は、**Ⅰ**-지요？や、その縮約形である**Ⅰ**-죠？により表す。なお、**Ⅰ**-지요（죠）？は、안 〜／**Ⅰ**-지 않다（否定）、**Ⅱ**-시다（尊敬）、**Ⅲ**-ㅆ다（過去）、**Ⅱ**-셨다（尊敬＋過去）、**Ⅰ**-겠다（判断）などにもつけることができる。

活用Check！
1-30
좋아하다 － 좋아하지요？ ／ 좋아하지 않지요？ ／ 좋아하시지요？
（好きだ）
　　　　　좋아했지요？ ／ 좋아하셨지요？ ／ 좋아하겠지요？

뜨겁다 － 뜨겁지요？ ／ 뜨겁지 않지요？ ／ 뜨거우시지요？
（熱い）
　　　　　뜨거웠지요？ ／ 뜨거우셨지요？ ／ 뜨겁겠지요？

なお、**Ⅰ**-지요（죠）？は、疑問詞疑問文で用いられると、「〜ましょうか、〜でしょうか」のように柔らかい語感の疑問を表す。 例：어디로 가면 되죠？

例1. 우리 여기 설탕 넣었지요？
　2. 오늘 같이 먹은 음식 맛있었죠？

練習 3 **朝鮮語に訳してみよう。**
〈A〉
（1）この暗証番号、忘れてしまってはいけませんよね。
（2）来月、結婚なさいますよね。
（3）このかばんは、本当に軽いですよね。
（4）あの時、お金がなかったでしょうね。［**Ⅰ**-겠다を使って］

〈B〉
（1）授業は終わりましたよね。
（2）前に私を助けてくださいましたよね。
（3）あのー、もしかして、キムカラム（김가람）さんですよね。
（4）韓国の食べ物はやはり辛かったでしょうね。[**Ⅰ**-겠다を使って]

31.4. 様々な不可能表現

27.3.で「**Ⅱ**-ㄹ 수 없다」（～ことができない）を学んだが、朝鮮語にはこの他にも、못＋用言による［前置不可能形］、**Ⅰ**-지 못하다による［後置不可能形］が存在する。

🔊 活用Check！
1-31
쉬다（休む）－ 못 쉬다 ／ 쉬지 못하다

받다（受け取る）－ 못 받다 ／ 받지 못하다

＋α

※前置不可能形では、以下のような発音変化が起こるので注意。
못 가요 [**몯까**요]（濃音化）、못 먹어요 [**몬머거**요]（鼻音化）
못 이겨요 [**못니**겨요 → **몬니**겨요]（ㄴ挿入＋鼻音化）
못 해요 [**모태**요]（激化）、못 와요 [**모돠**요]（特殊な連音化（有声音化））

また、21.3.で未完了を表す「まだ～ていない」は、아직 안 **Ⅲ**-ㅆ다［前置否定形］、あるいは아직 **Ⅰ**-지 않았다［後置否定形］であることを学んだが、「まだ～できていない」も同様に아직 못 **Ⅲ**-ㅆ다［前置不可能形］、あるいは아직 **Ⅰ**-지 못했다［後置不可能形］により作ることができる。否定形を用いた場合は、意図的に行為に及んでいないことを表し、不可能形を用いた場合は、意志はあるものの、それが何らかの理由により実現できないでいることを表す。

쉬다 － 아직 못 쉬었다 ／ 아직 쉬지 못했다

받다 － 아직 못 받았다 ／ 아직 받지 못했다

例1. 여행에서 어제 돌아왔는데 아직 쉬지 못했어요.
　2. 친구가 보내 준 편지를 아직 못 받았어요.

練習 **4** 前置不可能形、後置不可能形に変え、日本語に訳してみよう。
例：저는 그 사람을 이기다
　　→저는 그 사람을 못 이겨요. ／저는 그 사람을 이기지 못해요.
　　私はあの人に勝てません。

（1）숙제가 많아서 자다　　　（2）그 일을 아직 다 끝내다
（3）영어를 알아듣다　　　　（4）그 이야기를 친구한테 아직 말하다
　　　　　　　　　　　　　※하다用言の前置不可能形は、前置否定形を参考に。

会話しよう

1-32

昼過ぎにカラムさんと有紀さんが出くわします。

가람 : ① 유키 씨 배 고프시죠? 저도 아직 점심 먹지 못했어요.

　　　　저하고 밥 먹을 시간 있죠?

유키 : ② 한 시간 전에 점심 벌써 먹었는데요.

가람 : ③ (慌てて) 아, 그래요? 그럼 더운데 커피라도 마셔요!

유키 : ④ 좋아요. 잠깐 기다려 주시겠어요?

　　　　교실에 전화기를 놓고 왔거든요.

가람 : ⑤ 네! 여기에서 기다릴게요!

コラム ◆ 国際電話のかけ方

　韓国から日本に国際電話をかける際は、以下の要領でかければよい。
001-81-日本の番号(ただし、最初の0を取る)
　なお、最近は日本同様、国際電話(국제전화)をかけるよりもオンライン(온라인)での通話を利用する人が多い。代表的なのは無料メッセンジャーアプリ 카카오톡(カカオトーク)で、スタンプ(이모티콘〈emotion+icon〉)に登場するキャラクター(캐릭터)は、グッズが発売されるなど、人気を博している。

書いてみよう

（1）まだ子供なんですが、やはりダメでしょうねぇ。[**Ⅰ**-겠다を使って]

（2）遊びたいんですが、時間がなくてですね。[丁寧さを表す-요を使って]

（3）先生が（におかれまして）、そろそろいらっしゃるでしょうね。

[**Ⅰ**-겠다、発見的詠嘆を使って]

（4）この仕事は、明日までに必ず終えることができるでしょうねぇ。[**Ⅰ**-겠다を使って]

 伝えよう

（1）저기요, 코엑스(coex)에 가고 싶은데요, 어느 역에서 내려야 해요?

저기요, (場所)　　　　에 가고 싶은데요, 어느 역에서 내려야 해요?

（2）늦겠어요. 서두르는 것이 좋을 것 같아요.

Ⅰ　　　　겠어요. (連体形)　　　　것이 좋을 것 같아요.

（3）맛있었죠?

Ⅲ　　　　ㅆ죠?

（4）아직 다 못 먹었어요.

아직 다 못 **Ⅲ**　　　　ㅆ어요.

単語バンク（鳥）

기러기（雁（ガン）） 비둘기（鳩） 참새（スズメ） 뻐꾸기（かっこう）

독수리〈禿-〉（ハゲワシ） 매（鷹） 백조〈白鳥〉（白鳥）

거위（ガチョウ） 오리（アヒル） 닭（鶏）

応用会話5

第27課から第31課で学んだ内容を復習しながら、少し長めの会話に挑戦してみよう。

——有紀さん、メイさん、カラムさんが画像通話をしています。

①**유키** : 메이 씨! 일본에 돌아간 후에 어떻게 지내고 있어요?

②**메이** : 시간이 참 빨라요. 벌써 두 달이나 되었네요.

③**가람** : 메이 씨! 우리 보고 싶을 것 같은데 언제 한국에 다시 올

수 있어요?

④**메이** : 잘 몰라요. 하지만 언제든지 불러 주세요.

가람 씨 보러 갈게요.

⑤**유키** : 메이 씨는 저보다 가람 씨가 더 보고 싶군요.

메이 씨는 슬프겠어요. 가람 씨를 만나지 못해서요.

⑥**메이** : 아니에요. 유키 씨는 일본에서 만날 수 있지만 가람 씨는

잘 만날 수 없으니까….

⑦**가람** : 맞아요. 메이 씨! 유키 씨한테 메이 씨하고 연락할 수

있는 방법을 물어 볼게요. 저 잊어버리면 안 돼요!

深化学習 1　各ペアの意味の違いを考えてみよう。

A （動詞の連体形）＿＿＿＿＿ 것 같아요.

　（1）밥을 먹은 것 같아요.

　（2）밥을 먹는 것 같아요.

　（3）밥을 먹을 것 같아요.

B （存在詞・形容詞・指定詞の連体形）＿＿＿＿＿ 것 같아요.

　（1）맛있었던 것 같아요.

　（2）맛있는 것 같아요.

　（3）맛있을 것 같아요.

C （1）가람 씨는 지금 음악을 들을 수 있어요.

　（2）전화기를 잃어버릴 수 있어요.

　（3）그 음식은 매울 수 있어요.

D （1）오늘 진짜 덥죠.

　（2）오늘 진짜 덥네요.

E （1）이번 주말 생일 파티에 갈게요.

　（2）이번 주말 생일 파티에 가겠습니다.

　（3）이번 주말 생일 파티에 갈 생각이에요.

F （1）비가 오지만 갈게요.

　（2）비가 오는데 갈게요.

第32課

水をもっと入れなければならないようです

물을 더 부어야 할 것 같아요.

 単語と表現

1-34

☐	고추	名唐辛子	☐	빼앗다	動奪う	
☐	고추장 〈-醬〉	名コチュジャン	☐	색깔	名色	
☐	구름	名雲	☐	손가락	名指	
☐	그렇다	形そうだ ㅎ変	☐	아파트 〈apart〉	名マンション	
☐	까맣다	形黒い ㅎ変	☐	어떻다	形どうだ ㅎ変	
☐	깨끗이	副きれいに	☐	원 〈圓〉	名円	
☐	꾸준히	副根気よく	☐	이렇다	形こうだ ㅎ変	
☐	낫다	動治る / 形ましだ ㅅ変	☐	잇다	動結ぶ、繋ぐ ㅅ変	
☐	낳다	動生む	☐	장난감	名おもちゃ	
☐	노랗다	形黄色い ㅎ変	☐	저렇다	形ああだ ㅎ変	
☐	늘	副いつも	☐	짜다	形塩辛い	
☐	동그랗다	形丸い ㅎ変	☐	컵 〈cup〉	名コップ	
☐	붓다	動注ぐ ㅅ変	☐	파랗다	形青い ㅎ変	
☐	빨갛다	形赤い ㅎ変	☐	하얗다	形白い ㅎ変	

빨강 RED
#활동적 #활발해요

보라 PURPLE
#창의적 #이상적

자주 PLUM
#예술적 #개성적

파랑 BLUE
#자신감 #평화

분홍 PINK
#다정함 #배려

노랑 YELLOW
#즐거움 #노력

하양 WHITE
#순수함 #새로운 시작

까망 BLACK
#현명함 #cool

文法ノート

32.1. 人変格用言

語幹末が人(시옷)である用言の中には、不規則な活用をするものがある。このような用言を「人変格用言」とよぶ。人変格用言は、第Ⅰ語基においては規則的な活用をするが(＝基本形から−다を取った形)、第Ⅱ、Ⅲ語基においては以下のように不規則な振る舞いをする。

> 人変格用言は、第Ⅱ語基、第Ⅲ語基で正格用言の規則により得られた語基形から語幹末の人が脱落する。

例えば、낫다(治る、ましだ)、붓다(注ぐ)の３つの語基は、以下のようになる。

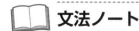 活用Check！
1-35

낫다 : **Ⅰ** 낫- **Ⅱ** 나으- **Ⅲ** 나아-

붓다 : **Ⅰ** 붓- **Ⅱ** 부으- **Ⅲ** 부어-

上の２つの用言に **Ⅰ**−습니다、**Ⅱ**−면서、**Ⅲ**−요、**Ⅲ**−ㅆ어요をつけてみよう。

낫습니다 ／ 나으면서 ／ 나아요 ／ 나았어요

붓습니다 ／ 부으면서 ／ 부어요 ／ 부었어요

なお、벗다(脱ぐ)、빼앗다(奪う)、씻다(洗う)、웃다(笑う)は、人変格用言ではなく、正格用言であるので注意しよう。

벗다 : **Ⅰ** 벗- **Ⅱ** 벗으- **Ⅲ** 벗어-

> 〈人変格用言〉　낫다、붓다、잇다、짓다
> 〈正格用言〉　　벗다、빼앗다、씻다、웃다

例 1. 뜨거운 물을 컵에 부었어요.
　 2. 선생님께서는 감기가 다 나으셔서 학교에 오실 수 있었어요.

練習 **1** 次の用言に**I**-습니다、**II**-면서、**III**-요、**III**-ㅆ어요をつけて言ってみよう。

例：낫다（治る）→ 낫습니다、나으면서、나아요、나았어요

〈A〉
（1）붓다（注ぐ）　　　　（2）벗다（脱ぐ）
（3）잇다（結ぶ、繋ぐ）　（4）웃다（笑う）

〈B〉
（1）짓다（炊く、建てる）　（2）빼앗다（奪う）
（3）낫다（ましだ）　　　　（4）씻다（洗う）

練習 **2** （　　）の用言を指示された形に変え、日本語に訳してみよう。

例：끊지 마세요. 전화 （잇다：繋ぐ、**III**-φ 줄게요）.
　　→끊지 마세요. 전화 이어 줄게요.
　　　切らないでください。電話を繋いであげますね。

〈A〉
（1）지금 컵에 물을 （붓다：注ぐ、**III**-도）돼요？
（2）이 옷보다는 아까 그 옷이 더 （낫다：ましだ、**II**-ㄴ）것 같아요.
（3）이 박물관에 들어갈 때에는 모자를 （벗다：脱ぐ、**III**-야）해요.
（4）형이 동생한테서 장난감을 （빼앗다：奪う、**II**-ㄴ）것 같아요.
　　　　　　　　　　　　　[-한테서：(人)から(-에게서の話しことば)]

〈B〉
（1）그 회사는 예전에 아파트를 （짓다：建てる、**II**-ㄴ）적이 있어요.
（2）깨끗이 손을 （씻다：洗う、**III**-요）.
（3）제 친구는 이 약을 꾸준히 먹고 병이 （낫다：治る、**III**-ㅆ어요）.
（4）한번 （웃다：笑う、**III**-φ）보세요. 훨씬 예뻐요.

32.2. ㅎ変格用言

　語幹末がㅎ（히읗）である用言の中には、不規則な活用をするものがある。このような用言を「ㅎ変格用言」とよぶ。ㅎ変格用言は、第Ⅰ語基においては規則的な活用をするが（＝基本形から−다を取った形）、第Ⅱ、Ⅲ語基においては以下のように不規則な振る舞いをする。

ㅎ変格用言は、
1．第Ⅱ語基は、第Ⅰ語基からㅎが脱落した形になる。
2．第Ⅲ語基は、第Ⅱ語基の母音が−ㅐ−に変わる。

　例えば、그렇다（そうだ）、노랗다（黄色い）の３つの語基は、以下のようになる。

活用Check！
1-36

그렇다：Ⅰ 그렇− Ⅱ 그러− Ⅲ 그래−

노랗다：Ⅰ 노랗− Ⅱ 노라− Ⅲ 노래−

上の２つの用言にⅠ−습니다、Ⅱ−면서、Ⅲ−요、Ⅲ−ㅆ어요をつけてみよう。

그렇습니다 ／ 그러면서 ／ 그래요 ／ 그랬어요

노랗습니다 ／ 노라면서 ／ 노래요 ／ 노랬어요

　ただし、하얗다（白い）は、第Ⅲ語基が하얘−になるので、注意。

하얗다：Ⅰ 하얗− Ⅱ 하야− Ⅲ 하얘−

　また、낳다（生む）、넣다（入れる）、놓다（置く）、쌓다（積む（42課））、좋다（良い）は、ㅎ変格用言ではなく、正格用言である（形容詞は좋다以外は、全てㅎ変格用言である）。

놓다：Ⅰ 놓− Ⅱ 놓으− Ⅲ 놓아−

> 〈ㅎ変格用言〉 이렇다、그렇다、저렇다
> 　　　　　　　까맣다、노랗다、빨갛다、파랗다、하얗다、동그랗다
> 〈正格用言〉　낳다、넣다、놓다、쌓다、좋다

例1. 토마토는 색깔이 빨개요.
　2. 그런 이야기는 하지 마세요.

練習 **3** 次の用言に**I**-습니다、**II**-면서、**III**-요、**III**-ㅆ어요をつけて言ってみよう。
例：그렇다（そうだ）→ 그렇습니다、그러면서、그래요、그랬어요

〈A〉
（1）빨갛다（赤い）　　　（2）넣다（入れる）
（3）파랗다（青い）　　　（4）동그랗다（丸い）

〈B〉
（1）낳다（生む）　　　　（2）이렇다（こうだ）
（3）좋다（良い）　　　　（4）하얗다（白い）

練習 **4** （　　）の用言を指示された形に変え、日本語に訳してみよう。
例：（이렇다：こうだ、**II**-ㄴ）옷을 입고 가야 해요？
　　→이런 옷을 입고 가야 해요？　こんな服を着て行かなければならないですか。

〈A〉
（1）지금 입고 있는 옷이 너무 （까맣다：黒い 、**III**-요）.
（2）（하얗다：白い、**II**-ㄴ）구름이 너무 예쁘네요.
（3）귤이 아직 （안 노랗다：黄色くない、**III**-서）맛이 없을 것 같아요.
（4）（이렇다：こうだ、**II**-ㄴ）사람하고는 같이 놀지 마세요.

〈B〉
（1）저 사람은 늘 （저렇다：ああだ、**II**-ㄴ）옷만 입고 있어요.
（2）이 책은 여기 책상 위에 （놓다：置く、**II**-면）되죠？
（3）사과는 （동그랗다：丸い、**I**-고）,（빨갛다：赤い、**III**-요）.
（4）사실은 （그렇다：そうだ、**I**-지）않아요.

32.3. 変格用言のまとめ

この課で主要な変格用言が出そろった。ここでこれまでに学んだものを整理してみよう。

活用	基本形	Ⅰ	Ⅱ	Ⅲ	注意点
ㅂ変 24	맵다 (辛い)	맵-	매우-	매워-	Ⅱは ㅂ をとり、-우-をつける。Ⅲは ㅂ をとり、-워-をつける。
	돕다 (助ける)	돕-	도우-	도와-	ただし、돕다 (助ける)、곱다 (綺麗だ)の2語のⅢは、-와-をつける。
ㄷ変 29	듣다 (聞く)	듣-	들으-	들어-	Ⅱ、Ⅲは、ㄷ を ㄹ に変える。
ㄹ変 29	모르다 (わからない)	모르-	모르-	몰라-	Ⅲは ㄹ をとり、ㄹ の前が陽母音(ㅏ/ㅗ)であれば、-ㄹ라-をつける。
	부르다 (呼ぶ)	부르-	부르-	불러-	Ⅲは ㄹ をとり、ㄹ の前が陰母音(ㅏ/ㅗ以外)であれば、-ㄹ러-をつける。
ㅅ変 32	낫다 (治る)	낫-	나으-	나아-	Ⅱ、Ⅲは、ㅅ をとる。
ㅎ変 32	그렇다 (そうだ)	그렇-	그러-	그래-	Ⅱは、Ⅰから ㅎ をとる。Ⅲは、Ⅱの母音を-ㅐ-に変える。
	하얗다 (白い)	하얗-	하야-	하얘-	ただし、하얗다 (白い)は、Ⅲで-ㅐ-をつける。

練習 5 次の変格用言にⅠ-고、Ⅱ-니까、Ⅲ-ㅆ어요をつけて言ってみよう。

例：빠르다 (速い) → 빠르고、빠르니까、빨랐어요

（1）고맙다 (ありがたい) ㅂ変
（2）묻다 (尋ねる) ㄷ変
（3）서두르다 (急ぐ) ㄹ変
（4）잇다 (結ぶ、繋ぐ) ㅅ変
（5）그렇다 (そうだ) ㅎ変
（6）싱겁다 (味が薄い) ㅂ変
（7）듣다 (聞く) ㄷ変
（8）다르다 (違う、異なる) ㄹ変
（9）낫다 (治る、ましだ) ㅅ変
（10）동그랗다 (丸い) ㅎ変

会話しよう

1-37

カラムさんと有紀さんが一緒にトッポギを作りながら話しています。

가람 : ① 유키 씨는 무슨 색깔을 좋아해요?

유키 : ② 음, 이런 떡볶이 색깔이요. 빨간색이지요?

가람 : ③ 네, 맞아요. 고추장을 넣어서 그래요. 그래서 빨개요.

유키 : ④ 한번 먹어 봐도 돼요? 하나만 먹어 볼게요.

가람 : ⑤ 네! (少し待って) 어때요? 맛있어요?

유키 : ⑥ 좀 짜네요. 물을 더 부어야 할 것 같아요.

コラム ◆ 色彩形容詞と名詞形

　多くの色彩形容詞は、本課で学んだㅎ変格活用をする。この形容詞(형용사)を用いて Ⅱ-ㄴ 색(〜い色)という形を作ると、「〜色」という意味の名詞(명사)になる。ここでいくつかまとめてみよう。

形容詞(基本形)	－	名詞
까맣다 [黒い]	－	까만색 [黒]
노랗다 [黄色い]	－	노란색 [黄色]
빨갛다 [赤い]	－	빨간색 [赤]
파랗다 [青い]	－	파란색 [青]
하얗다 [白い]	－	하얀색 [白]

　これらの名詞は、すでに1単語として認識されているため、分かち書き(띄어쓰기)をしない。また、「緑だ」に相当する形容詞は存在せず、名詞+-이다の形で「초록색이다」〈草緑色-〉(緑だ)のように表す。

書いてみよう

（1）指と指を結んで、丸い円を作ってみてください。

（2）こうやって少し休めば、風邪もすぐに(→もうすぐ)治りそうです。

（3）この家を建くた人は、私(わたくし)の父です。

（4）顔が白いので、白い服がよくお似合いですねぇ。[発見的詠嘆]

伝えよう

（1）빨간 옷이랑 노란 옷이랑 둘 중에 뭐가 더 나아요?

　　(体言)＿＿＿＿　랑/이랑 (体言)＿＿＿＿　랑/이랑 둘 중에 뭐가 더 나아요?

（2）홍대에 가는 것보다 강남에 가는 게 더 나을 것 같은데요.

　　(連体形)＿＿＿＿ 것보다 (連体形)＿＿＿＿ 게 더 나을 것 같은데요.

（3）이걸 먹어 보는 게 어때요?

　　(連体形)＿＿＿＿ 게 어때요?

（4）그렇지만 5만원은 너무 비싼 거 아니에요?

　　그렇지만 (体言)＿＿＿＿ 는/은 너무 (連体形)＿＿＿＿ 거 아니에요?

● 単語バンク（学問分野）

경제학〈經濟學〉(経済学)	경영학〈經營學〉(経営学)	문학〈文學〉(文学)
언어학〈言語學〉(言語学)	법학〈法學〉(法学)	신문방송학〈新聞放送學〉(新聞放送学)
교육학〈教育學〉(教育学)	수학〈數學〉(数学)	화학〈化學〉(化学)
물리학〈物理學〉(物理学)	약학〈藥學〉(薬学)	의학〈醫學〉(医学)
통계학〈統計學〉(統計学)	공학〈工學〉(工学)	

お忙しそうですが、大丈夫ですか

바빠 보이는데 괜찮으세요?

  単語と表現

1-38

☐	관심 〈關心〉	名関心	☐	비누	名石鹸	
☐	그냥	副そのまま、ただ、何となく	☐	빌리다	動借りる	
☐	나이가 들다	表現年を取る	☐	생기다	動できる、生じる	
☐	나타나다	動現れる	☐	아저씨	名おじさん	
☐	더럽다	形汚い ㅂ変	☐	어린이	名子供	
☐	더욱	副さらに	☐	에어컨 〈air con(ditioner)〉	名エアコン	
☐	돌다	動曲がる、回る				
☐	두다	動置く	☐	주소 〈住所〉	名住所	
☐	맞다	動合う	☐	짧다	形短い	
☐	메일 〈mail〉	名メール [〜하다]	☐	켜다	動(火や電気を)つける	
☐	몸	名体	☐	힘이 없다	表現元気がない、気力がない	
☐	보이다	動見える				

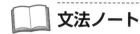 **文法ノート**

33.1. ～ば、～たら [仮定、条件]

14.3. で Ⅱ-면 되다（～ばよい）、Ⅱ-면 안 되다（～てはならない）という表現を学んだが、ここに含まれる Ⅱ-면 は、「～ば、～たら」という仮定、条件の表現である。

活用Check！
1-39

가지다（持つ） － 가지면 ／ 가지지 않으면 ／ 가지시면

웃다（笑う） － 웃으면 ／ 웃지 않으면 ／ 웃으시면

例1. 아침에 잠에서 깨면 저는 밥부터 먹어요.
　2. 내일도 일하시면 파티에 안 오셔도 돼요.

なお、Ⅲ-ㅆ다(過去形)に Ⅱ-면 がついた形から作られた表現 Ⅲ-ㅆ으면 좋겠다 は、一種の慣用表現で「～たらよい（と思う）」という願望を表す。

例 내일은 비가 왔으면 좋겠어요.

練習 1 （　　）の用言を Ⅱ-면 に変え、日本語に訳してみよう。
例：밥이 （적다：少ない） 저쪽에 더 있으니까 많이 드세요.
　　→밥이 적으면 저쪽에 더 있으니까 많이 드세요.
　　　ご飯が少なかったら、あちらにありますから、たくさん召し上がってください。

〈A〉
（1）저기에서 왼쪽으로 （도시다：曲がられる） 경찰서가 있어요.
（2）돈이 （생기다：できる） 차를 사고 싶어요.
（3）시간이 （맞으시다：お合いになる） 지금 같이 갈까요？
（4）저도 그 영화를 （봐 보다：見てみる） 좋겠어요. [～たらよい（願望)]

〈B〉
（1）방이 너무 （덥다：暑い） 에어컨을 （켜다：つける） 돼요.
（2）그 사람이 （나타나다：現れる） 저한테 좀 알려 주세요.
（3）학생이 （아니다：～ではない） 도서관에 들어갈 수 없어요.
（4）이제는 저한테 （오지 않다：来ない） 좋겠어요. [～たらよい（願望)]

33.2. ～ように見える [視覚的判断]

視覚による判断を表す表現「～ように見える」は、Ⅲ-φ 보이다により表す。

🔊 活用Check！
1-40

예쁘다(かわいい、きれいだ) ― 예뻐 보이다

더럽다(汚い) ― 더러워 보이다

例 1. 수진 씨는 웃으면 너무 예뻐 보여요.
  2. 방이 너무 더러워 보이네요. 청소할까요?

練習 2 朝鮮語に訳してみよう。

〈A〉
（1）今日は、元気がなさそうでいらっしゃいますねぇ（→元気がないようにお見えになりますねぇ）。[発見的詠嘆]
（2）あの子供が一番体が健康そうに見えます。
（3）この服を着さえすれば（→この服だけ着れば）、ずっと年を取ったように見えますねぇ。

　　　　　　　　　　　　　　　　　　　　　　　　　　　　　　　　　　[発見的詠嘆]

（4）友達が韓国に帰った後、気持ちが楽に見えます。

〈B〉
（1）あの映画は、面白そうでないので（→面白そうに見えないので）、あまり見たくありません。
（2）いつも疲れて見えるので、あまり一緒に遊びたくありません。
（3）この椅子が楽そうに見えますねぇ。これを買いましょうか。[発見的詠嘆]
（4）年より若くお見えになりますねぇ。[発見的詠嘆]

33.3. ～ますよ [意思]

意思を表す表現「～ますよ」は、Ⅱ-ㄹ래요により表す。30.2. で学んだⅡ-ㄹ게요は、話し手の約束を表す表現で疑問文として用いることができないが、この表現はⅡ-ㄹ래요？により疑問文（～ますか）にもなる。

活用Check！
1-41

닫다(閉める) － 닫을래요 ／ 닫을래요? ／ 닫으실래요?

듣다(聞く) － 들을래요 ／ 들을래요? ／ 들으실래요?

+α

※Ⅱ-ㄹ게요とⅡ-ㄹ래요は、（命令文や勧誘文が先行する場合）前者は相手の意見を積極的に受け入れて意志を表明する際に用いられるのに対し、後者は相手の意見を受け入れずに自らの意見を（やや強く）表明する際に用いるという点でも違いがある。

例：오늘 저하고 카페에서 같이 공부할까요?
　　A：네, 할게요!
　　B：음, 저는 도서관에서 혼자 공부할래요.

例1. 비가 올 것 같은데 우산을 가져가실래요?
　2. 피곤해서 저는 집에 그냥 있을래요.

練習3 （　）の用言をⅡ-ㄹ래요に変え、日本語に訳してみよう。
例：무엇을 (드시다 : 召し上がる)?
　　→무엇을 드실래요?　何を召し上がりますか。

〈A〉
（1）저는 도서관에서 책을 (빌리다 : 借りる).
（2）주소를 (알려 주시다 : 教えて下さる)?
（3）비누로 손을 (씻다 : 洗う).
（4）그냥 책상 위에 (두시다 : 置かれる)?

〈B〉
（1）이 일, 선생님께 (이야기하다 : 話す).
（2）그래도 저는 지현 씨를 (믿다 : 信じる).
（3）저기로 좀 (가 주다 : 行ってくれる)?
（4）이 일은 승호 씨에게 (부탁하다 : 頼む).

33.4. ～テにあたる表現

13.4. で学んだように日本語の「～て」にあたる表現として、**Ⅰ**-고がある。この表現は、2つ以上の独立した動作や事実を単に羅列して述べ立てる表現である。

🔊)) 例1. 토요일 오후에는 아르바이트를 하고 카페에서 책을 읽고 집에 돌아가요.
1-42　　2. 이 책은 한국어 교과서이고 그 책은 영어 교과서예요.

一方で、朝鮮語には「(動詞1)**Ⅲ**-서＋(動詞2)」という形により「～て」という意味を表すこともある。ただし、この場合は(動詞1)が(動詞2)に時間的に先行することを表すのみならず、(動詞1)と(動詞2)が連続性を持つ動作として認識されているという意味合いが強くなる。

例1. 일요일에 친구랑 시부야에 가서 영화를 봤어요.
　　2. 선생님을 만나서 이야기해 보세요.

なお、この**Ⅲ**-서は24.2. で学んだように、理由の表現(～ので)としても用いられるものである。違いを把握するための大まかな基準として、形容詞につく場合には「理由」を、動詞につく場合には「理由」、あるいは「動作の先行」を表すと覚えておけばよいだろう。

＋α
※ただし、「新幹線に乗っていく」、「話を聞いて泣いた」などは、それぞれ「신칸센을 타고 가다」、「이야기를 듣고 울었다」という。細かい用法は、今後の学習の中で徐々に勘を掴んでいくようにしよう。

話しことばでは、**Ⅲ**-서のほかに**Ⅲ**-φ 가지고という形も多用される。

例 여기 서셔 가지고 잠시만 기다리시면 돼요.

練習 4 （　　）の用言を**Ⅲ**-서（**Ⅲ**-φ 가지고）、**Ⅰ**-고（適切な形）に変え、日本語に訳してみよう。
例：민수한테 （가다：行く）／물어 보는 것은 어때요?
　　→민수한테 가서（가 가지고）물어 보는 것은 어때요?
　　　ミンスのところに行って、聞いてみるのはどうですか。

〈A〉
（1）동쪽 출구로 （나오다：出る）／3분 정도 쭉 가세요.
（2）저도 그 식당에 （가다：行く）／먹어 보고 싶네요.
（3）민주 씨는 서울로 여행을 （가다：行く）／저는 부산으로 가요.
（4）친구한테 돈을 （빌리다：借りる）／겨우 술을 마실 수 있었어요.

（5）다음에는 운동을 열심히 （하다：する） ／그 산에 가세요.

〈B〉
（1）비빔밥은 한국에 여행을 （가다：行く） ／먹어 봤어요.
（2）선생님께 메일을 （쓰다：書く） ／동수 씨 이야기를 해 볼게요.
（3）일요일에는 9시까지 （자다：寝る） ／10시에 밥을 （먹다：食べる） ／ 계속 텔레비전만 봐요.
（4）불고기를 （만들다：作る） ／같이 먹었으면 좋겠어요.
（5）일찍 잠에서 （깨다：目が覚める） ／지금까지 계속 못 자고 있어요.

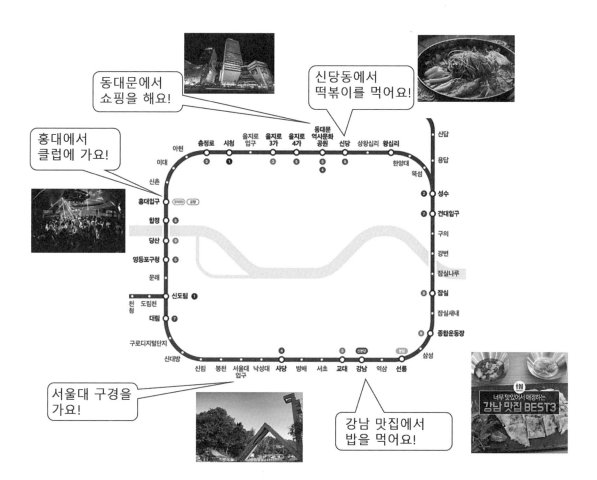

会話しよう

1-43

有紀さんが電話でカラムさんに何かを頼んでいるようです。

유키 : ① 시간 있으면 저 좀 도와 주실래요?

　　　　이번 숙제는 너무 어려워서요.

가람 : ② 아, 그래요? 그러면 4시까지는 갈 수 있어요.

유키 : ③ 아, 그러실래요? 바빠 보이는데 괜찮으세요?

가람 : ④ 사실 조금은 바빠요. 저도 숙제를 하고 있어 가지고요.

유키 : ⑤ 바쁘시면 안 오셔도 돼요.

가람 : ⑥ 아니에요. 조금만 기다리고 계시면 제 숙제 다 끝내고

　　　　갈게요.

コラム ◆ 韓国の大学の授業

　韓国の大学(대학교)は、日本と同じ2学期制をとっており、3月から6月までが1学期(일학기)、9月から12月までが2学期(이학기)となる。日本の大学では、90分授業＝1コマが基本であるが、韓国では1コマ75分の授業を週に2コマ行うことが多いようである。なお、多くの授業では中間試験(중간고사)、期末試験(기말고사)があり、成績(성적)は相対評価となる。そのうえ、成績の出し方もＡ＋、Ａ、Ａ－…のように細分化されているため、日本よりかなり厳しい印象(인상)を受ける。

書いてみよう

（1）関心があれば、一緒にいらっしゃいますか。［Ⅱ-ㄹ래요を使って］

（2）会社に来ると、元気がないように見えますねぇ。［発見的詠嘆］

（3）その本、面白かったら、ちょっと貸してくださいますか。［Ⅱ-ㄹ래요を使って］

（4）その本は安そうに見えないので、私は買わないですよ。［Ⅱ-ㄹ래요を使って］

 伝えよう

（1）내년에는 꼭 한국에 갔으면 좋겠어요.

　　　내년에는 꼭 過去形の Ⅱ ＿＿＿＿＿면 좋겠어요.

（2）이거 어때 보여요? 멋있어 보여요?

　　　이거 어때 보여요? Ⅲ ＿＿＿＿＿ 보여요?

（3）죄송한데 문 좀 닫아 주실래요?

　　　죄송한데 Ⅲ ＿＿＿＿＿ 주실래요?

（4）집에 와서 같이 식사하지 않을래요?

　　　(場所) ＿＿＿＿＿에 Ⅲ ＿＿＿＿＿서 같이 Ⅰ ＿＿＿＿＿지 않을래요?

単語バンク（野菜、海藻）

야채〈野菜〉(野菜)　가지 (茄子)　고구마 (さつまいも)　양배추〈洋－〉(キャベツ)

당근 (ニンジン)　연근〈蓮根〉(蓮根)　오이 (きゅうり)　무 (大根)　파 (葱)

양파〈洋－〉(玉葱)　고사리 (わらび)　마늘 (にんにく)

김 (海苔)　미역 (わかめ)　다시마 (昆布)　톳 (ヒジキ)

何色が似合うか、見てください

어떤 색깔이 잘 어울리는지 봐 주세요.

  単語と表現
1-44

☐	계획 〈計劃〉	名計画 [～하다]	☐	앞으로	表現これから
☐	궁금하다	形気になる	☐	양쪽 〈兩－〉	名両方、両側
☐	기억 〈記憶〉	名記憶 [～하다]	☐	어서	副早く
☐	길	名道	☐	예상 〈豫想〉	名予想 [～하다]
☐	끝	名終わり	☐	옳다	形正しい
☐	나타내다	動表す	☐	원하다 〈願－〉	動望む
☐	느끼다	動感じる	☐	유명 〈有名〉	名有名 [～하다]
☐	다이어트 〈diet〉	名ダイエット [～하다]	☐	의미 〈意味〉	名意味 [～하다]
☐	목이 마르다	表現喉が渇く 르変	☐	이불	名掛け布団
☐	목적 〈目的〉	名目的	☐	일단 〈一旦〉	副とりあえず
☐	세탁 〈洗濯〉	名洗濯 [～하다]	☐	잃다	動失う、なくす
☐	순서 〈順序〉	名順序	☐	출구 〈出口〉	名出口
☐	아마	副たぶん、おそらく	☐	출신 〈出身〉	名出身
☐	알아보다	動調べる	☐	확인 〈確認〉	名確認 [～하다]

文法ノート

34.1. ～(の)か［名詞節］

　名詞節を作る「～(の)か」は、動詞・存在詞は**I**-는지、形容詞・指定詞は**II**-ㄴ지により表す。この活用は、 27.1. で学んだ現在連体形や、 31.1. で学んだ前置きの表現(～んですが)と並行したものである（p.50上段の注意欄も参照）。

🔊 活用Check！
1-45

가다 - 가는지 ／ 가지 않는지 ／ 가시는지 ／ 갔는지 ／ 가셨는지
（行く）

먹다 - 먹는지 ／ 먹지 않는지 ／ 드시는지 ／ 먹었는지 ／ 드셨는지
（食べる）

크다 - 큰지 ／ 크지 않은지 ／ 크신지 ／ 컸는지 ／ 크셨는지
（大きい）

맵다 - 매운지 ／ 맵지 않은지 ／ 매우신지 ／ 매웠는지 ／ 매우셨는지
（辛い）

　なお、「～(の)かどうか」は、上記の表現に「아닌지」を続けて、**I**-는지 아닌지、**II**-ㄴ지 아닌지により表す。

例 1.　선생님께서 점심은 잡수셨는지 모르겠네요.
　　2.　한국이 얼마나 추운지 가 본 적이 없어서 잘 몰라요.
　　3.　커피가 단지 아닌지 일단 드셔 보세요.

練習 **1**　（　　）の用言を**I**-는지、**II**-ㄴ지に変え、日本語に訳してみよう。
例：지금은 그 친구가 어디에서 무엇을 （하다：する、している） 궁금하네요.
　　→지금은 그 친구가 어디에서 무엇을 하는지 궁금하네요.
　　　今はその友達がどこで何をしているか気になりますね。

〈A〉
（1）이 그림이 무슨 의미를 （나타내다：表す） 모르는 것 같아요.
（2）출구가 （어디였다：どこだった） 기억을 못하겠어요.
（3）이것을 보고 무엇을 （느끼셨다：お感じになった） 말씀해 보세요.
（4）함께 （남고 싶다：残りたい） 아닌지 물어 봐야 해요.
※ 27.1. (31.1.)で学んだ表現でも**I**-고 싶다（～たい）は、形容詞型の活用をしたことを思い出そう。

〈B〉
（1）어디（출신이시다：出身でいらっしゃる）물어 보러 갑시다.
（2）한국어가（쉽다：易しい）아닌지 공부해 보면 알아요.
（3）어떻게（해야 하다：しなければならない）모르겠어요.
（4）민수가 가만히（앉아 있다：座っている）아닌지 확인하고 올게요.

34.2. ～とおり（に）[模倣]

　動詞について模倣を表す表現「～するとおり（に）」は**Ⅰ**-는 대로、「～したとおり（に）」は**Ⅱ**-ㄴ 대로により表す。

🔊 **活用Check！**
1-46

말하다（話す）－ 말하는 대로 ／ 말한 대로

듣다（聞く）－ 듣는 대로 ／ 들은 대로

例1. 제가 말하는 대로 해 보세요.
　2. 선생님께 들으신 대로 해 주세요.

　なお、「○○하다」の形をとる하다用言（動詞）の場合、以下のように「-하다」を介在させずに名詞に直接、-대로をつけることも可能である。

설명하다 － 설명하는 대로 ／ 설명한 대로 ／ 설명대로
（説明する）

계획하다 － 계획하는 대로 ／ 계획한 대로 ／ 계획대로
（計画する）

　この他に、순서대로（順序どおりに）も覚えておこう。

練習2 朝鮮語に訳してみよう。
〈A〉
（1）思っていたとおり（←考えたとおり）、ソウルはやはり大きいですねぇ。[確認的詠嘆]
（2）これからこの順序どおりに説明します。[**Ⅰ**-겠다を使って]
（3）計画したとおりに早くやってみましょう。[합니다体の勧誘形を使って]
（4）（長距離）特急列車は、予定どおりに到着するでしょうね。[**Ⅰ**-지요？を使って]

〈B〉

（1）今、ご覧のとおり、この道はとても暗いです。

（2）メールで読んだとおり、ジヒョン（지현）さんは来るはずがありません。

[Ⅱ-ㄹ 수 없다を使って]

（3）望むとおり、全てしてあげたらだめです。

（4）予想通り、ミンス（민수）さんは、また遅れられるんですねぇ。[確認的詠嘆]

34.3. 連体形＋것이다による表現（1）

　連体形と것이다をともに用いると、様々な表現ができる。ここでは、現在連体形、過去連体形につく場合についてみよう。

　まず、現在連体形につく場合、すなわち動詞・存在詞のⅠ-는 것이다、形容詞・指定詞のⅡ-ㄴ 것이다は、「～（する／な）のだ」という意味を表す（ここでは仮に「断定」の用法と命名しておこう）。

活用Check！
1-47

마시다（飲む）－ 마시는 것이다

그렇다（そうだ）－ 그런 것이다

例1．목이 말라서 술을 마시는 거예요.

2．배가 고파서 그런 거예요.

+α
※連体形＋것이다の해요体は、～ 것이에요より～ 거예요（話しことば形 22.4.）が多用される。

　一方、過去連体形につく場合、すなわち動詞のⅡ-ㄴ 것이다、形容詞・存在詞・指定詞のⅢ-ㅆ던 것이다は、「～（した／だった）のだ」という意味を表す。

마시다 － 마신 것이다

그렇다 － 그랬던 것이다

+α
※品詞による連体形の作り方の違いは、「連体形のまとめ 28.3.」を参照。

例 1. 오늘은 기분이 좋아서 이렇게 많이 마신 거예요.
  2. 사실 잘 몰라서 그랬던 거예요.

練習 **3** 朝鮮語に訳してみよう。

〈A〉
（1）９時に友達が遊びに来るので、今料理をしているのです。
（2）やはり私の言ったこと（→私の言葉）が正しかったんです。
（3）そのようにする目的でここにいらっしゃったのですか。
（4）風邪を引いたので、こんなに具合が悪いのです。

〈B〉
（1）だから、さっきとても驚いたんです。［깜짝？を使って］
（2）勉強には終わりがないのです。
（3）今、学生なのですよね。［Ⅰ-지요？を使って］
（4）私たちは友達ではなかったのですねぇ。［発見的詠嘆］

▌34.4. 連体形＋것이다による表現（2）

　未実現連体形と것이다が一緒に用いられた形、つまりⅡ-ㄹ 것이다は全ての用言に一律につくが、その意味は主語によって異なる。おおよその基準として、１・２人称主語の場合には「～つもりだ」という意思を表し（２人称主語は疑問文になる）、３人称主語の場合には「～だろう（と思う）」という推測の意味を表すと覚えておこう。

🔊 活用Check！
1-48

마시다（飲む）– 마실 것이다

그렇다（そうだ）– 그럴 것이다

＋α

※Ⅱ-ㄹ 것이다の것は［껏］と濃音化して発音される。このような音変化については、40.5.を参照。

※今のところ、Ⅱ-ㄹ 것이다は、Ⅰ-겠다と概ね類似した意味を表すと考えておいてよい。ただし、３人称主語の推測の用法においては、Ⅰ-겠다は、Ⅱ-ㄹ 것이다に比べ、「話している現場における判断」を伝えるという意味合いが強くなる。

例：오늘 비가 올 거예요. ⇔ 오늘 비가 오겠어요.
　　맛있을 거예요. ⇔ 맛있겠어요.

※것이다は、現在連体形、過去連体形が前にきた時には「断定」、未実現連体形が前にきた時には「意思、推測」と大きく異なる意味を持つことに注意。

　ここで1人称主語の意思を表す4つの表現、Ⅰ-겠습니다（31.2.）、Ⅱ-ㄹ 거예요（34.4.）、
Ⅱ-ㄹ게요（30.2.）、Ⅱ-래요（33.3.）の例文をみてみよう（これら使い分けについては徐々
に慣れていけばよい）。

Ⅰ-겠습니다
　뭘 드시겠어요？ - 저는 이걸 먹겠습니다.
Ⅱ-ㄹ 거예요
　내일 뭐 할 거예요？ - 음, 저는 친구랑 영화 볼 거예요.
Ⅱ-ㄹ게요
　저랑 파티에 갈래요？ - 네, 그럴게요.
Ⅱ-래요
　내일 파티에 올 거예요？ - 저는 집에서 좀 쉴래요.

練習 4　朝鮮語に訳してみよう。
〈A〉
（1）明日からダイエットを始めてみるつもりです。
（2）もうこれからは泣かないつもりです。
（3）そんな風にしたら、多くの友達を失うでしょう。
（4）冬は韓国と日本、どちらも（→両方すべて）寒いだろうと思います。

〈B〉
（1）金先生は、たぶん有名でいらっしゃるだろうと思います。
（2）今度の週末は、必ず布団を洗濯するつもりです。
（3）必ず韓国に一度、住んでみるつもりです。
（4）雨がたくさん降っているので、スイン（수인）さんはたぶん明日来ないと思います。

会話しよう

1-49

カラムさんと有紀さんが服屋で服を見ています。

가람 : ① 유키 씨, 둘 중에 뭘 살 거예요?

유키 : ② 어떤 색깔이 잘 어울리는지 봐 주세요.

(白い服を着てみる)

가람 : ③ 아, 이 옷은 너무 하얀데요. 유키 씨는 얼굴도 하얀데….

아마 이 노란색 옷이 더 잘 어울릴 거 같아요.

유키 : ④ 그렇죠? 그럼 계획한 대로 노란 옷을 살래요.

가람 : ⑤ 네, 그게 나을 것 같아요.

유키 : ⑥ 그런데, 이 옷 얼마인지 알아요!?

コラム ◆ 韓国の映画館

　韓国は、日本より映画のチケットの値段が安いので、韓国に行った際には是非、映画館 (극장)に行ってみよう。日本との違いは、以下のような点がある。

▶全席指定制になっているため、映画ごとに観客(관객)が入れ替わる。ソファー(소파)席、カップル(커플)専用席などもあり。
▶食べ物の持ち込みが可能な映画館が多い。
▶観客のリアクションが大きい。
▶エンドロールが流れると、すぐに帰り始める。

書いてみよう

（1）道もこれからは教えてくださったとおりに行くつもりです。[Ⅱ-ㄹ 것이다を使って]

（2）説明どおりにしたのに（→したことなのに）、おかしいですねぇ。

[「～したのに」は断定表現 Ⅱ-ㄴ 것이다を使って。発見的詠嘆]

（3）先生は、私（わたくし）達が学校までどれくらいかかるのか、よくご存知でないはずです。

（4）韓国に旅行に行ったら、お金がいくらかかるか調べるのですよ。

 伝えよう

（1）그게 어디에 있는지 모르겠네요.

（体言）＿＿＿＿＿＿가/이 어디에 있는지 모르겠네요.

（2）언제 올지 모르겠어요.

（疑問詞）＿＿＿＿＿Ⅱ＿＿＿＿ㄹ지 모르겠어요.

（3）편하신 대로 하시면 될 거 같아요.

편하신 대로 Ⅱ＿＿＿＿시면 될 거 같아요.

（4）이번 주말에 뭐 할 거예요?

（日付、時間）＿＿＿＿＿에 뭐 할 거예요?

単語バンク （病院）

산부인과〈産婦人科〉（産婦人科）　소아과〈小兒科〉（小児科）

외과〈外科〉（外科）　내과〈內科〉（内科）　비뇨기과〈泌尿器科〉（泌尿器科）

정형외과〈整形外科〉（整形外科）　성형외과〈成形外科〉（美容整形外科）

신경외과〈神經外科〉（神経外科）　안과〈眼科〉（眼科）　치과〈齒科〉（歯科）

이비인후과〈耳鼻咽喉科〉（耳鼻咽喉科）　피부과〈皮膚科〉（皮膚科）

※病院の科を表す「～과」は［꽈］と濃音化して発音される。このような音変化については、
40.5.を参照。

第35課 人が多くて大変でしたよ

사람들이 많아서 힘들더라고요.

 単語と表現

1-50

☐	건배 〈乾杯〉	名乾杯 [〜하다]	☐ 신발	名靴
☐	결과 〈結果〉	名結果	☐ 싸우다	動喧嘩する、争う
☐	나머지	名残り	☐ 아줌마	名おばさん
☐	닦다	動拭く、磨く	☐ 여기저기	名/副あちこち（に）
☐	드라마 〈drama〉	名ドラマ	☐ 우선 〈于先〉	副まず
☐	마음이 넓다	表現心が広い	☐ 우연히 〈偶然-〉	副偶然
☐	말다	動 (-다(가))の後で 中断する、止める	☐ 자꾸	副やたら、しきりに
☐	무척	副非常に、甚だしく	☐ 잠이 들다	表現眠る、寝付く
☐	바뀌다	動変わる	☐ 졸다	動居眠りする
☐	방학 〈放學〉	名学校の長期休み	☐ -쯤	名〜くらい、〜程度
☐	생각이 나다	表現思い出す	☐ 피아노를 치다 〈piano-〉	表現ピアノを弾く
☐	스페인 〈Spain〉	名スペイン	☐ 하나 둘이 아니다	表現1つ(1人)や2つ (2人)ではない
☐	신다	動履く	☐	

 文法ノート

35.1. ～ていて [途中、移行]

「～ている途中で(…する)」のように、ある動作行為の途中で他の行為や事態が起こることを表す場合、Ⅰ-다가を用いる。話しことばでは、Ⅰ-다という形も用いられる。これは日本語の発想からは出てきにくい表現なので、しっかり習得したい。

活用Check！
1-51

공부하다(勉強する) － 공부하다가

읽다(読む) － 읽다가

例 1. 공부하다가 모르는 것이 있으면 질문하세요.
　 2. 신문을 읽다가 잠이 들었어요.

　例1は「勉強をしていて(その途中で)わからないことがあれば…」という意味、例2は「新聞を読んでいて(その途中で睡魔に襲われ)…」という意味になる。後者は、「新聞を読んでいたら、…」などと訳してもよいだろう。

　なお、「～ている途中でやめた→～ていたがやめた」という時に、一種の慣用表現のようにⅠ-다(가) 말았다という形が用いられる。

例 1. 한국어를 공부하다가 말았어요.
　 2. 아까 밥을 먹다가 말았어요. 이제 먹어야 해요.

+α
※この表現は、Ⅲ-ㅆ다(過去形)についた形、すなわちⅢ-ㅆ다가という形で用いられることもある。この場合は、ある動作行為が完了したあとで別の行為が起こることを表す。
例：집에 갔다가 저녁을 먹으러 밖에 나갔어요.

練習 1 (　　)の用言をⅠ-다가に変え、日本語に訳してみよう。
例：그 영화를 보면서 (웃다：笑う) (울다：泣く) 했어요.
　　→그 영화를 보면서 웃다가 울다가 했어요.
　　　その映画を観ながら、笑ったり泣いたりしました。(下線部は意訳)

〈A〉
（1）한국 드라마를 (보다：見る) 울어 본 적이 있어요.
（2）꽃이 (피다：咲く) 말았네요.
（3）(졸다：居眠りする) 요코하마 역에서 못 내렸거든요.
（4）창문을 (닦다：拭く) 우연히 지수 씨를 봤어요.

〈B〉
（1） 여자친구의 사진을 （찍다 : 撮る） 다른 사람도 찍은 것 같아요.
（2） 시나가와 역쯤 （오다 : 来る） 친구를 만났어요.
（3） 신발을 （신다 : 履く） 말았어요. 나가고 싶지 않았거든요.
（4） 술을 （마시다 : 飲む） 예전 남자친구가 생각이 났어요.

▌ 35.2. ～てから [先行動作]

「～てから」という動作の先行をより明確に表す表現として、**Ⅰ**-고 나서がある。

🔊》 活用Check！
1-52

알아보다(調べる) － **알아보고 나서**

연습하다(練習する) － **연습하고 나서**

例 1. 같이 도서관에서 공부하고 나서 식당에서 밥을 먹을래요？
　2. 저는 이 책을 읽고 나서 바로 잘게요.

練習 **2** （　　） の用言を**Ⅰ**-고 나서に変え、日本語に訳してみよう。
例 : 그 공연은 지수 씨에게 （말하다 : 話す） 갈 수 있을 것 같아요.
　　→그 공연은 지수 씨에게 말하고 나서 갈 수 있을 것 같아요.
　　その公演は、ジスさんに話してから行くことができそうです。
　　　　　　　　　　　（話してからでなければ、行くことができなさそうです）

〈A〉
（1） 그때 그 친구와 （싸우다 : 喧嘩する） 아직 안 만나 봤어요.
（2） 한번 전부 （읽어 보다 : 読んでみる） 제 의견을 이야기할게요.
（3） 수업은 다섯 명쯤 （모이다 : 集まる） 시작됐어요.
（4） 이번 방학이 （끝나다 : 終わる） 스페인어를 배울 거예요.

〈B〉
（1） 여기는 신발을 （벗다 : 脱ぐ） 들어가야 해요.
（2） 그분을 （알다 : 知る） 생각이 바뀌었어요.
（3） 우선 （건배하다 : 乾杯する） 이야기합시다 !
（4） 한번 물건을 （봐 보다 : 見てみる） 정할게요.

35.3. 〜たよ ［目撃、報告］

　話し手が直接目撃したことや経験したことを思い浮かべながら、聞き手に報告する表現「〜ましたよ、〜でしたよ」は、**I**-더라고요により表す。これもやはり日本語の発想からは出てきにくい表現なので、しっかり習得したい。

活用Check !
1-53

질문하다 - 질문하더라고요 ／ 질문하시더라고요
(質問する)

있다 - 있더라고요 ／ 계시더라고요
(ある、いる)

例1. 선생님께서는 아까 교실에 계시더라고요.
　2. 한국에 가 봤는데 겨울에 꽤 춥더라고요.

　例1は自分が教室に行った際（あるいは、教室の前を通りかかった際）、「教室に先生がいる（いらっしゃる）」という事実を目撃したことを、それを知らないであろう聞き手に報告するように伝える表現である。また、例2は「韓国の冬は寒い」という自ら体験した事実を、やはりそれを知らないであろう聞き手に報告するように伝える表現である。

練習 3 （　　）の用言を**I**-더라고요に変え、日本語に訳してみよう。
例：요즘 감기에 걸린 사람이 하나 둘이 (아니다 : 〜ではない).
　　→요즘 감기에 걸린 사람이 하나 둘이 아니더라고요.
　　　最近、風邪を引いた（引いている）人が1人や2人ではなかったんですよ。

〈A〉
(1) 결과는 별로 (안 좋다 : 良くない).
(2) 저도 들었는데 밤 12시쯤 (피아노를 치다 : ピアノを弾く).
(3) 자꾸 머리가 (아프다 : 痛い).
(4) 무척 마음이 넓은 (사람이다 : 人だ).

〈B〉
(1) 여기저기 사람들이 (남아 있다 : 残っている).
(2) 전화해 봤는데 지금 외국에 (계시다 : いらっしゃる).
(3) 저도 한번은 꼭 (가 보고 싶다 : 行ってみたい).
(4) 그 방에 (들어가도 되다 : 入ってもいい).

35.4. 判断や考えを表す表現

　日本語では、自分の判断や考えを表す際に「〜と思う」という表現を多用するが、朝鮮語では、その直訳的表現である「〜고 생각하다」をさほど多用しない(この「〜고」は、引用文を導き「〜と」という意味を表す。詳しくは第45課で学ぶ)。ここでは、朝鮮語で自分の考えを表す際によく使われる表現をいくつか整理しておこう。

🔊 ① Ⅰ-겠다　31.2　　※ xx.x. は、初出の課。
1-54
　１・２人称主語：「〜つもりだ」[意思]
　　　３人称主語：「〜そうだ」[判断]
例 지금부터 한국어 공부를 열심히 하겠습니다.【…しようと思います】

② Ⅱ-ㄹ 것이다　34.4
　１・２人称主語：「〜つもりだ」[意思]
　　　３人称主語：「〜だろう(と思う)」[推測]
例 가람 씨는 아마 내일 학교에 안 올 거예요.【…来ないと思います】

③ 連体形＋것 같다　28.4
２・３人称主語：「〜そうだ、〜ようだ」[様態]
例 가람 씨는 오늘 집에 있는 것 같아요.【…いると思います】

④ Ⅰ-고 싶다　18.2
１・２人称主語：「〜たい」[希望、願望]
例 지금부터 한국어 공부를 열심히 하고 싶습니다.【…したいと思います】
※①や④の例を「열심히 하고 싶다고 생각합니다」のようには言えないので、注意。

⑤ 連体形＋줄 알았다／連体形＋줄 몰랐다
２・３人称主語：「(てっきり)〜ものと思っていた／〜とは思わなかった」[思い込み、錯覚]
例 자고 있는 줄 알았어요.【…と思っていました】
　 자고 있는 줄 몰랐어요.【…とは思いませんでした】

※この他に Ⅱ-려고 하다「〜ようと思う」という [意図] の表現を 40.4 で学ぶ。

練習 4 ニュアンスに注意して、日本語に訳してみよう。

例：집에 돌아간 줄 알았는데 여기 계셨네요!

→家に帰ったとばかり思っていたんですが、ここにいらっしゃったんですね。

〈A〉

（1）오늘 다 못할 것 같은데 나머지는 내일 할까요?

（2）오늘은 이미 늦어서 명인 씨는 내일 출발할 것 같아요.

（3）자고 싶지 않아요. 할 일이 많이 있거든요.

（4）음식이 남아 있을 줄 알았는데 다 먹은 거네요.

〈B〉

（1）인수 씨가 이렇게 빨리 올 줄은 몰랐어요.

（2）밖에 비가 오는 것 같은데 우산을 가져가세요.

（3）친구들이랑 술을 마시고 싶은데요, 어디가 좋을까요?

（4）수업은 아마 세 시쯤에 끝날 거예요.

会話しよう

1-55

有紀さんは、友達のルイさんの誕生日パーティーに参加していましたが、早く帰って来てしまいました。

가람 : ① 루이 씨 생일 파티에서 아직 놀고 있을 줄 알았는데,

벌써 돌아오셨네요.

유키 : ② 네. 놀다가 말았어요. 사람들이 많아서 힘들더라고요.

가람 : ③ 네, 그러면 유키 씨, 좀 쉬고 나서 뭐 할 거예요?

유키 : ④ 쉬지 못할 것 같아요. 청소나 세탁하다가 사토코하고

만나서 저녁(을) 먹을 것 같아요.

가람 : ⑤ 아, 사토코 씨하고 약속이 있는 줄 몰랐네요.

유키 : ⑥ 가람 씨도 오고 싶으면 오세요. 괜찮을 거예요.

コラム ◆ 誕生日とプレゼント

　韓国で誕生日（생일）に飲むものといえば何だか知っているだろうか。答えは、わかめスープ（미역국）。元々は、産後に母親が体力（체력）を回復（회복）させるために飲んでいたことに由来（유래）するもので、今では母親に感謝の気持ちを忘れないように誕生日に飲むのだという。

　ところで、誕生日に限らずプレゼントとして避けた方がいいものには、ハンカチ（손수건）、靴（신발）、刃物（칼）がある。それぞれ涙を拭くもの、恋人が去ってしまう、人間関係を切り裂いてしまう、という理由のため避けられているようである。

　なお、目上の人の誕生日に対しては생일ではなく、尊敬語である생신〈生辰〉（お誕生日）を用いることも知っておこう。

書いてみよう

（1） あるおじさんとおばさんが話している途中で、急に喧嘩なさったんですよ。

（2） すみません。韓国料理がお好きだと思っていました。

（3） 昨日、家に帰ってから私に話したんですよ。[■-고 나서を使って]

（4） 考えてみたんですが、私たち、会ったことがあったんですよ。

 伝えよう

（1） A：오늘 뭐 할 거예요?
　　 B：집에서 좀 쉬다가 도서관에 갈 생각이에요.

　　 A：오늘 뭐 할 거예요?
　　 B：■_____다가 ■_____ㄹ 생각이에요.

（2） A：그 김치찌개 어땠어요?
　　 B：아, 김치찌개요? 정말 맵더라고요.

　　 A：(体言)_____ 어땠어요?
　　 B：아, (体言)_____요? 정말 ■_____더라고요.

（3） 가람 씨는 아마 내일 올 거예요.

　　 (名前)_____ 씨는 아마 ■_____ㄹ 거예요.

（4） 되게 비쌀 줄 알았는데 생각보다 싸네요.

　　 ■_____ㄹ 줄 알았는데 생각보다 ■_____네요.

単語バンク （魚介）

고등어(サバ)　참치(マグロ、ツナ)　꽁치(サンマ)　갈치(太刀魚)
멸치(カタクチイワシ)　임연수〈林延壽〉(ほっけ)　도미(鯛)
방어〈魴魚〉(ブリ)　전갱이(アジ)　가오리(エイ)　성게(ウニ)
조개(貝)　낙지(手長ダコ)　문어〈文魚〉(タコ)　오징어(イカ)

勉強を一生懸命したら、お腹が空きましたね

공부를 열심히 했더니 배가 고프네요.

  単語と表現

1-56

☐	간단하다 〈簡單-〉	形 簡単だ		☐	무관심 〈無關心〉	名 無関心 [～하다]
☐	결국 〈結局〉	名/副 結局		☐	분명하다 〈分明-〉	形 明らかだ
☐	고민 〈苦悶〉	名 悩み [～하다：悩む]		☐	상처 〈傷處〉	名 傷
☐	고장이 나다 〈故障-〉	表現 故障する		☐	새롭다	形 新しい ㅂ変
☐	그만두다	動 やめる		☐	시끄럽다	形 うるさい ㅂ変
☐	깊다	形 深い		☐	시험에 붙다 〈試驗-〉	表現 試験に受かる
☐	늦잠을 자다	表現 寝坊をする		☐	심각하다 〈深刻-〉	形 深刻だ
☐	다리	名 脚		☐	정확하다 〈正確-〉	形 正確だ
☐	답장 〈答狀〉	名 返事、返信		☐	제시간 〈-時間〉	表現 定刻
☐	대단하다	形 すごい、すばらしい		☐	조용하다	形 静かだ
☐	던지다	動 投げる		☐	좀 더	表現 もう少し
☐	동네 〈洞-〉	名 街、町内		☐	즐겁다	形 楽しい、愉快だ ㅂ変
☐	뚜렷하다	形 はっきりしている		☐	합격 〈合格〉	名 合格 [～하다]
☐	목소리	名 声		☐		

📖 文法ノート

36.1. ～（と思ってい）たら ［結果］

結果の表現「～（と思って見てい）たら、（…という結果が現れた）」は、**Ⅰ**-더니により表す。**Ⅰ**-더니の前後の主語は、2人称か3人称に限られる。

🔊 活用Check！
1-57

먹다（食べる）− 먹더니

맑다（晴れている）− 맑더니

後ろに予想外の結果が現れる場合は、日本語では「～たが、…」や「～たのに、…」など逆接（比較）の訳が当てはまることが多い（以下の**例**2を参照）。

例 1.　아까 그렇게 많이 먹더니 결국 배가 아프군요.
　　2.　오전에는 날씨가 맑더니 지금은 흐리네요.

練習 1　（　　）の用言を**Ⅰ**-더니に変え、日本語に訳してみよう。
例：아까는 친구랑 같이 （있다：いる） 지금은 혼자네요.
　　→아까는 친구랑 같이 있더니 지금은 혼자네요.
　　　さっき（まで）は友達と一緒にいたと思ったら、今は一人ですね。

〈A〉
（1）이 동네는 언제나 （더럽다：汚い） 오늘은 깨끗하네요.
（2）늘 시끄러운 （거리이다：通りだ） 오늘은 조용하네요.
（3）그분이 갑자기 저한테 （오시다：いらっしゃる） 이야기해 주셨어요.
（4）선생님께서 커피숍에 （가시다：いらっしゃる） 친구를 만나셨어요.

〈B〉
（1）제인 씨는 침대에 （눕다：横になる） 바로 잠이 들었어요.
（2）어제는 많이 （춥다：寒い） 오늘은 따뜻한 것 같아요.
（3）이제까지는 계속 （무관심하다：無関心だ） 갑자기 왜 물어 봐요？
（4）이 문제로 계속 （고민하다：悩む） 결국 회사를 그만뒀어요.

36.2. ～たら［結果］

　結果の表現「～たら」は、Ⅲ-ㅆ더니により表す。この場合、Ⅲ-ㅆ더니の前の主語は１人称、後の主語は２人称、３人称になることに注意（ただし、例2のように、Ⅲ-ㅆ더니の後に１人称の体の一部を表す語がくることは可能）。

🔊 活用Check！
1-58

보내다(送る) － 보냈더니

걸다(かける) － 걸었더니

例1．친구에게 메일을 보냈더니 바로 답장이 왔어요.
　2．너무 웃었더니 배까지 아파요.

練習 2 （　）の用言をⅢ-ㅆ더니に変え、日本語に訳してみよう。
例：친구에게 전화를 （걸다：かける） 받지 않았어요.
　　→친구에게 전화를 걸었더니 받지 않았어요.
　　　友達に電話をかけたら、出ませんでした。

〈A〉
（1）숙제를 열심히 （하다：する） 어머니께서 좋아하시더라고요.
（2）지갑을 （던지다：投げる） 친구가 받아 줬어요.
（3）동네를 （걷다：歩く） 다리가 아프네요.
（4）갑자기 （일어서다：立つ） 선생님께서 놀라셨어요.

〈B〉
（1）（도와 주다：助けてあげる） 은서 씨가 울더라고요.
（2）문을 （열다：開ける） 사람들이 많이 있더라고요.
（3）집에 （돌아오다：帰る） 동생이 자고 있었어요.
（4）이름을 （알려 주다：知らせる） 그 사람은 제 이름을 잊어버렸어요.

36.3. ～く／～に、～む／～がる［形容詞の副詞化、動詞化］

　形容詞の副詞化（～く／～に）、動詞化（～む／～がる）について学ぶ。

・**副詞化**
　形容詞を副詞化するには、以下の３つの方法がある。

（1）Ⅰ-게（끔）

多くの形容詞は、Ⅰ-게（끔）により副詞ができる（끔が入ると強調を表す）。

※Ⅰ-게（끔）は、動詞、存在詞を副詞化する語尾としても用いられる。

（2）-히

「○○하다」という形をとる하다用言（形容詞）の多くは、○○히により副詞ができる。

※하다の前のパッチムが人である形容詞の副詞形は、○○이となる

（3）-이/-리

固有語の形容詞の場合、-이/-리により副詞ができる。

これらのうちどれを使うかは、形容詞によって決まっているので、以下の表を参考にして徐々に慣れていくようにしたい。

	Ⅰ-게	-히	-이/-리
간단하다	간단하게	간단히	
깨끗하다	깨끗하게	깨끗이	
대단하다	대단하게	대단히	
분명하다	분명하게	분명히	
정확하다	정확하게	정확히	
조용하다	조용하게	조용히	
심각하다	심각하게		
뚜렷하다	뚜렷하게		뚜렷이
가깝다	가깝게		가까이
깊다	깊게		깊이
높다	높게		높이
다르다	다르게		달리
많다	많게		많이
빠르다	빠르게		빨리
새롭다	새롭게		새로이
시끄럽다	시끄럽게		
크다	크게		

※█ の部分に注意して覚えること。

例 1. 도서관 안에서는 조용히 해야 해요.
2. 공을 한번 높이 던져 보고 싶네요.

練習 3 （　　）の用言を副詞形に変え、日本語に訳してみよう。

例：손님들이 （많다：多い） 오면 좋을 것 같아요.
　　→손님들이 많이 오면 좋을 것 같아요.
　　お客さんがたくさん来たら、よいと思います。

〈A〉
（1） 수업 중에는 （시끄럽다：うるさい） 떠들면 안 돼요.
（2） 목소리가 안 들리는데 좀 더 （크다：大きい） 말씀해 주세요.
（3） （깨끗하다：きれいだ） 청소하고 나서 쉴까요？

〈B〉
（1） 여기에 좀 더 （정확하다：正確だ） 써 주시겠어요？
（2） 이쪽으로 좀 더 （가깝다：近い） 오세요.
（3） （심각하다：深刻だ） 생각해 볼게요.

・**動詞化**

　形容詞を動詞化するためには、Ⅲ-하다という形を用いる。これを使用する際には、主語は２人称か３人称に限られる点に注意。

例：슬프다 – 슬퍼하다／즐겁다 – 즐거워하다
　　기쁘다 – 기뻐하다／덥다 – 더워하다

例1. 친구는 어제 많이 슬퍼했어요. ／저는 어제 많이 슬펐어요.
　2. 친구는 그 시험에 붙어서 너무 기뻐했어요. ／
　　 그 시험에 붙어서 너무 기뻤어요.

練習 4 与えられた単語を使って文を作り、日本語に訳してみよう。

例：사람들／모두／ （즐겁다：楽しい、Ⅲ-하다）.
　　→사람들이 모두 즐거워해요. みんな楽しがっています。

〈A〉
（1） 민재 씨／내 여자친구／ （좋다：良い、Ⅲ-하다）.
（2） 어머니／한국／ （가고 싶다：行きたい、Ⅲ-하다）.
（3） 은채 씨／다리에 상처가 있어서／많이／ （아프다：痛い、Ⅲ-하다）.

〈B〉

（1）아버지／제 남자친구／（만나 보고 싶다 : 会ってみたい、Ⅲ-하다）.

（2）가람 씨／짠 음식 ／（싫다 : 嫌だ、Ⅲ-하다）.

（3）학생들／그 영화／（재미있다 : 面白い、Ⅲ-하다）.

36.4. ～たおかげで ［恩恵］

恩恵を表す表現「～たおかげで」は Ⅱ-ㄴ 덕분에 により表す。

[活用Check！]
1-60

공부하다（勉強する）－ 공부한 덕분에

도와 주시다（助けて下さる）－ 도와 주신 덕분에

恩恵を与えた人物などを前において、선생님 덕분에（先生のおかげで）などと表現することも可能である。

一方、「～たせいで」は、Ⅱ-ㄴ 탓에 という。

마시다（飲む）－ 마신 탓에

例 1．예전에 한국어를 공부한 덕분에 가람 씨랑 이야기할 수 있었어요.

　2．많이 도와 주신 덕분에 여기까지 올 수 있었어요.

　3．술을 너무 많이 마신 탓에 아침에 일어나지 못했어요.

[練習 5] 朝鮮語に訳してみよう。

〈A〉

（1）この教科書のおかげで、朝鮮語の勉強がよくできました。

（2）授業を早く終わらせて下さったおかげで、ご飯を食べることができました。

（3）今日はバスが定刻に来たおかげで、遅刻しませんでした。

（4）夜遅くまで勉強したせいで、寝坊しました。

〈B〉

（1）今回（→今度）、ユジン（우진）さんのおかげで、韓国に行ってみました。

（2）最後まで私を信じてくださったおかげで、この仕事を終えることができました。

（3）一生懸命努力したおかげで、柳町大学に合格しました。

（4）天気が寒いせいで、車が故障しました。

会話しよう

1-61

有紀さんはカラムさんに手伝ってもらって、無事に宿題を終えることができたようです。

유키 : ① 가람 씨 덕분에 또 간단히 숙제를 끝낼 수 있었네요.

가람 : ② 유키 씨도 대단하네요.

지난번에는 어려워하더니 (지금은 잘하네요).

유키 : ③ 교과서를 자꾸 읽었더니 그렇게 된 것 같아요.

가람 : ④ 공부를 열심히 했더니 배가 고프네요. 밥 먹으러 갈까요?

유키 : ⑤ 그런데 가람 씨는 왜 시간만 있으면 저하고 밥(을) 먹고

싶어해요?

가람 : ⑥ 아, 심각하게 생각하지 마세요. 그냥…. (顔が赤くなる)

コラム ◆ 朝鮮語の検定試験

　朝鮮語の検定試験には、以下の２つがある。学習の到達度を測るために、是非、挑戦(도전)してみよう。

▶ ハングル能力検定試験：日本のハングル能力検定協会が主催する試験。レベル(레벨)は６段階で、試験は筆記と聞き取り・書き取りに分かれる。筆記試験では、日朝、朝日の翻訳問題も出題(출제)される。年２回、６月(第１日曜日)と、11月(第２日曜日)に実施。

▶ 韓国語能力試験試験(TOPIK)：大韓民国教育省・国立国際教育院が主催する試験。レベルは６段階だが、試験問題としては１・２級(TOPIK１)、３～６級(TOPIK２)の２種類しかなく、基準点に達した級により認定される。TOPIK１は聞き取り(듣기)、読解(독해)、TOPIK２は聞き取り、読解、書き取り/作文(작문)。 年３回、４月、７月、10月に実施。　　　　　　　　　　　　　　　(上記の情報は2020年８月現在)

書いてみよう

（1）暑くてドアを開けたら、スジョン（수정）さんはとても寒がっていますねぇ（→寒がります
　　ねぇ）。［発見的詠嘆］

（2）ヨンス（영수）さんが私のところに来たと思ったら、その話をしたがる（→したがった）
　　んですよ。［Ⅰ-거든요］

（3）明らかに悪い天気のせいで旅行に行けなかったのでしょうね。［Ⅰ-지요？を使って］

（4）お金をカバンの奥に（→カバンの中に深く）入れたら、なくしてしまったのですか。

 ## 伝えよう

（1）예전에는 유키가 빵을 잘 먹더니 요새는 잘 안 먹더라고요.

　　예전에는 (名前)_____ 가/이 Ⅰ_____ 더니 요새는 Ⅰ_____ 더라고요.

（2）집에 왔더니 동생이 자고 있었어요.

　　(제가) Ⅲ_____ ㅆ더니 _____ 가/이 Ⅲ_____ ㅆ어요.

（3）여자친구는 수박을 좋아해요/싫어해요.

　　(体言)_____는/은 (体言)_____를/을 좋아해요/싫어해요.

（4）이게 다 가람 씨 덕분입니다. 감사합니다.

　　이게 다 (名前)_____ 씨 덕분입니다. 감사합니다.

単語バンク（動物）

호랑이〈虎狼－〉(虎)　코끼리(象)　사자〈獅子〉(ライオン)　말(馬)　소(牛)
돼지(豚)　사슴(鹿)　여우(狐)　너구리(狸)　하마〈河馬〉(カバ)　양〈羊〉(羊)
기린〈麒麟〉(キリン)　얼룩말(シマウマ)　토끼(ウサギ)　개(犬)　고양이(猫)

応用会話6

第32課から第36課で学んだ内容を復習しながら、少し長めの会話に挑戦してみよう。

――有紀さんとカラムさんは、ご飯を食べにきたようです。

① **유키** : 결국 원하시는 대로 밥 먹으러 왔네요. 뭐 먹을 거예요?

② **가람** : 저는 불고기요. 여기는 비빔밥보다 불고기가 더 나아요.

　　　　 지난번에 먹어 본 적이 있는데 되게 맛있더라고요.

③ **유키** : 그러면 저는 비빔밥을 먹을래요. 정말 맛없는지 아닌지는

　　　　 먹어보고 나서 알 수 있는 거예요.

④ **가람** : 유키 씨도 저처럼 불고기를 먹고 싶어 할 줄 알았더니….

⑤ **유키** : 사람마다 좋아하는 음식이 다 다른 거예요.

⑥ **가람** : 그래요. 먹다가 맛이 없으면 저 주세요.

  単語と表現

□ **되게**	副 とても（口語的）

98

深化学習2　各ペアの意味の違いを考えてみよう。

A (動詞の連体形)＿＿＿＿＿ 거예요.

(1) 그래서 돌아간 거예요.

(2) 그래서 돌아가는 거예요.

(3) 그래서 돌아갈 거예요.

B (存在詞・形容詞・指定詞の連体形)＿＿＿＿＿ 거예요.

(1) 그래서 힘이 없었던 거예요.

(2) 그래서 힘이 없는 거예요.

(3) 그래서 힘이 없을 거예요.

C **I** ＿＿＿＿＿ 더라고요.

(1) 가람 씨가 청소했더라고요.

(2) 가람 씨가 청소하더라고요.

D (1) 비가 올 것 같아요.

(2) 비가 오겠어요.

(3) 비가 올 거예요.

E (1) 준호 씨하고 같이 영화 보러 갈래요?

(2) 준호 씨하고 같이 영화 보러 갈 거예요?

(3) 준호 씨하고 같이 영화 보러 가겠습니까?

F (1) 저는 유키 씨가 도착한 줄을 알았어요.

(2) 저는 유키 씨가 도착한 줄로 알았어요.

俺に隠していることがあるだろう？

나한테 숨기고 있는 거 있지?

 単語と表現

2-1

☐ 강 〈江〉	名川	☐ 소고기	名牛肉
☐ 건너다	動渡る	☐ 숨기다	動隠す
☐ 고춧가루	名唐辛子の粉	☐ 어떻게든	表現どうにかして
☐ 금방 〈今方〉	副今すぐ	☐ 얼른	副すぐに
☐ 냉장고 〈冷藏庫〉	名冷蔵庫	☐ 여러 가지	表現色々
☐ 너	代お前、あんた	☐ 연필 〈鉛筆〉	名鉛筆
☐ 달리다	動走る	☐ 옮기다	動運ぶ、移す
☐ 닭고기	名鶏肉	☐ 원래 〈元來 / 原來〉	名/副元々
☐ 돼지고기	名豚肉	☐ 젖다	動濡れる
☐ 때리다	動殴る	☐ 지키다	動守る
☐ 바라다	動願う	☐ 친절하다 〈親切-〉	形親切だ
☐ 배드민턴 〈badminton〉	名バドミントン	☐ 필통 〈筆筒〉	名筆箱
☐ 성함 〈姓銜〉	名お名前（尊敬語）		

※얘 表現この子（＜이 아이）
　걔 表現その子、あの子（＜그 아이）
　쟤 表現あの子（＜저 아이）

文法ノート

37.1. パンマル［해체］

　これまでは日本語の「～です・ます体」に相当する丁寧な文体である합니다体(かしこまった文体)と해요体(打ち解けた文体)を学んできた。この課では、友人や目下の相手に対して使われるくだけた文体である해体(パンマル：반말)について学ぶ。

　해体は、基本的には第Ⅲ語基(便宜的に**Ⅲ**-φと表記する)がそのまま用いられる。また、해요体と同様に平叙形、疑問形、勧誘形、命令形が同形になり、イントネーションにより区別される。

活用Check！
2-2

	平叙形	疑問形	勧誘形	命令形
읽다(読む) －	읽어 /	읽어? /	읽어 /	읽어
부르다(歌う) －	불러 /	불러? /	불러 /	불러
걷다(歩く) －	걸어 /	걸어? /	걸어 /	걸어

　また、**Ⅰ**-지 않다(否定)、**Ⅱ**-시다(尊敬)、**Ⅲ**-ㅆ다(過去)、**Ⅱ**-셨다(尊敬＋過去)、**Ⅰ**-겠다(意思、判断)の해体は、以下のようになる(それぞれ日本語でどのような意味になるか考えてみよう)。

읽다 － 읽지 않아 / 읽으셔 / 읽었어 / 읽으셨어 / 읽겠어

부르다 － 부르지 않아 / 부르셔 / 불렀어 / 부르셨어 / 부르겠어

걷다 － 걷지 않아 / 걸으셔 / 걸었어 / 걸으셨어 / 걷겠어

+α

> ※尊敬形(**Ⅱ**-시다)の第Ⅲ語基は、基本的には「셔」でよいが、해요体(非過去形)を作る時のみ「세」という特別な形になることに注意。

　なお、指定詞(-이다、-가/이 아니다)の해体は、次のページの表に示すように해요体を作る時の第Ⅲ語基とは形が異なるので、注意を要する。例えば、非過去形の場合、-이다(～だ、～である)は、パッチムなし体言につく時には-야、パッチムあり体言につく時には-이야となるほか、-가/이 아니다(～ではない)は、一律に-가/이 아니야となる。

表現		体言	−이다	아니다
해요체 (非過去形)	Ⅲ-요	パッチムなし	친구예요	친구가 **아니에요**
		パッチムあり	선생님**이에요**	선생님이 **아니에요**
해요체 (過去形)	Ⅲ-ㅆ어요	パッチムなし	친구였어요	친구가 **아니었어요**
		パッチムあり	선생님**이었어요**	선생님이 **아니었어요**
해체 (非過去形)	Ⅲ-∅	パッチムなし	친구야	친구가 **아니야**
		パッチムあり	선생님**이야**	선생님이 **아니야**
해체 (過去形)	Ⅲ-ㅆ어	パッチムなし	친구였어	친구가 **아니었어**
		パッチムあり	선생님**이었어**	선생님이 **아니었어**

※ ▨の部分が指定詞の第Ⅲ語基。

以下の表現も−요を取ることで해체となる。

- ▶Ⅱ-ㄹ까요？（～ましょうか 19.3.）
- ▶Ⅰ-거든요（～んですよ 25.2.）
- ▶Ⅰ-네요、Ⅰ-(는)군요（～ねぇ 30.1.）
- ▶Ⅱ-ㄹ게요（～ますね、～ますよ 30.2.）
- ▶Ⅰ-는데요、Ⅱ-ㄴ데요（～んですが 31.1.）
- ▶Ⅰ-지요？（～でしょう 31.3.）
- ▶Ⅱ-ㄹ래요（～ますよ 33.3.）

+α
　※ 29.3. で学んだ丁寧な禁止表現 Ⅰ-지 마십시오、Ⅰ-지 마세요の해체は、Ⅰ-지
　　마 （～しないで）となる。

例1. 이 방은 너무 추워.
　2. 내 이름은 진호야.

練習 **1** （　）の用言を해체に変え、日本語に訳してみよう。
例：여기에 물을 （붓다：注ぐ）.
　　→여기에 물을 부어.　ここに水を注いで。

〈A〉
（1）나도 잘 （달리고 싶다：走りたい）.
（2）내 말 좀 （들어 보다：聞いてみる）.
（3）그분은 원래 （친절하시다：親切だ）.
（4）걔가 제일 좋아하는 운동은 （배드민턴이다：バドミントンだ）.

〈B〉
（1）얘는 주말에는 보통 청소하고 （세탁하다：洗濯する）.
（2）얼른 （낫다：治る）！
（3）그 영화 별로 안 （무서웠다：怖い）.
（4）얼굴이 왜 이렇게 （빨갛다：赤い）？

37.2. ～（つもりだ、だろう）から ［理由］

　理由の表現「～つもりだから、…」「～だろうから、…」は、**Ⅱ**-ㄹ 테니까により表す。前者は主語が１人称の場合（意思）、後者は主語が２、３人称の場合（推測）の意味で、いずれも後には、命令や勧誘、助言を表す文が続く。

🔊 活用Check！
2-3
가르쳐 주다（教えてあげる）– 가르쳐 줄 테니까

물어 보다（尋ねてみる）– 물어 볼 테니까

例1. 내가 이거 가르쳐 줄 테니까 나한테 밥 사 줄래?
　2. 그 강은 깊을 테니까 건너지 않는 것이 좋을 거 같아요.

練習 **2** 日本語に訳してみよう。
〈A〉
（1）나 잠깐 화장실에 다녀올 테니까 이거 좀 읽고 있어 봐.
　　※ここで、다니다는、「通う」（習慣的動作）ではなく、一回性の動作を表すと考える
　　　とよい。
（2）영수한테 물어 볼 테니까 잠깐만 기다려 봐.
（3）걔 아마 옷 갈아입고 있을 테니까 들어가지 마.
（4）걔 분명히 약속 잊어버렸을 테니까 다시 한번 알려 줘.

〈B〉
（1）닭고기를 사 올 테니까 같이 먹는 건 어때?
（2）연희가 여러 가지 알고 있을 테니까 가서 물어 봐.
（3）비가 오면 옷이 젖을 테니까 갈아입을 옷을 가져가.
（4）이 장난감 금방 고쳐 줄 테니까 울지 마.

37.3. 話しことば形（2）

22.4. で話しことばに特有な形の一部を学んだが、ここではさらに多様な形を学ぶ。

■「-로」の話しことば形

手段・方法を表す-로（～で）は、22.4. で学んだ指示代名詞類の話しことば形が前にきた場合、-ㄹ로になることがある。

🔊 活用Check！
2-4

이것 + -으로 → 이거 + -ㄹ로 → 이걸로

그것 + -으로 → 그거 + -ㄹ로 → 그걸로

저것 + -으로 → 저거 + -ㄹ로 → 저걸로

어느 것 + -으로 → 어느 거 + -ㄹ로 → 어느 걸로

무엇 + -으로 → 뭐 + -ㄹ로 → 뭘로

例 이걸로 밥 사 먹으면 되겠네！

■「-에」の話しことば形

他動詞（-를/을をとることができる動詞）とともに用いられる-에（～に）は、話しことばでは、-에다(가)になることがある。

여기에 쓰다 → 여기에다(가) 쓰다

例 여기에다 성함하고 주소를 쓰시면 돼요.

■指示代名詞＋아이(子)

이 아이（この子）、그 아이（その子、あの子）、저 아이（あの子）は話しことばでは、それぞれ얘、걔、쟤となることがある。

例 얘가 제 아들입니다.
　걔는 키도 크고 멋있어.

■ Ⅰ-잖다

12.3. で学んだ後置否定形 Ⅰ-지 않다（〜ない）は、話しことばで「〜じゃないか」のように確認や反問の意味で用いられた場合、Ⅰ-잖다になることがある。

例 너 오늘 수업 있잖아!

■ 特殊なⅢ-요、Ⅲ-φ

話しことばでは、바라다（願う）、같다（同じだ）、놓다（置く）のⅢ-요（해요体）、Ⅲ-φ（해体）は、以下のように特別な形になることがある。

$$바라다 → 바래(요)$$

$$같다 → 같애(요)$$

$$놓다 → 놔(요)$$

例 1. 나한테 무엇을 바래?　　2. 밖에 비가 오는 것 같애요.

+α

※その他にも話しことばでは以下のような形が多用される。
・어딨어요?（←어디 있어요?）
・재밌어요.（←재미있어요.）
・그죠?（←그렇죠?）
・그지/그치?（←그렇지?）
・이거 아냐?（←이거 아니야?）
・니가 가.（←네가 가.）
・넘 좋아.（←너무 좋아.）

練習 3 ■の部分に話しことば形を用いて、朝鮮語に訳してみよう。

〈A〉
（1）それで何が（→を）できそうなの。
（2）豚肉と牛肉と鶏肉があるんだけど、どれにしようか。[-로/으로 하다（〜にする）]
（3）キムチチゲは何で作るの。
（4）ここに唐辛子の粉まで入れたら、とても辛いじゃない！

〈B〉
（1）あそこに移したらいいじゃない。
（2）とりあえずこれでどうにかしてやってみるよ。
（3）約束したところまでは何で行きたい？
（4）あの子は、昔、靴にお金を隠したことがあるよ。

会話しよう

カラムさんとジュノさんが有紀さんについて話しています。

준호 : ① 너 나한테 숨기고 있는 거 있지? 너 걔 좋아하잖아.

가람 : ② 무슨 말이야. 걔가 누구야?

준호 : ③ 비밀 지킬 테니까 걱정하지 말고 말해 봐.

가람 : ④ 다른 사람 들을 수 있으니까 (ノートを開き) 여기에다 쓸게.

준호 : ⑤ (ペンを渡して) 자, 이걸로 써.

　　　　(書いた字を見て) 역시! 나는 이 사람도 너를 좋아할 것 같애.

コラム ◆ 解体に切り替えるタイミング

　本課では、解体(パンマル : 반말)について学んだが、韓国人は一体どのようなタイミングで解体を使い始めるのだろうか。実は、親しくなったり、同年代だとわかった瞬間、一方が面と向かって「말 놓아도 돼요?」(解体で話していいですか?)、「그럼, 우리 말 놓을까요?」(じゃあ、私達、解体で話しましょうか?)などと言うことが多い。ここで「말을 놓다」は、「丁寧な言葉を使わずに楽に話す＝解体を使って話す」という意味である。なお、丁寧な言葉遣いをする目上の人に対しては、目下の方から「편하게 말씀하세요」(楽にお話になってください)、「말씀 낮추세요」(＜お言葉を下げてください)などと言って、解体を使って話してもらうように伝えることもある。

書いてみよう

（1）私はヨンス（連수）に電話してみるから、あんたはこれちょっと冷蔵庫に入れてくれる？

　　　　　　　　　　　　　　　　　　　　　　　　　　［■は、話しことば形を使って］

（2）先生（におかれまして）は、もうすぐいらっしゃるはずだけど？

（3）名前が思い出せかったよ。

（4）私はこれもらう（→持つ）から、あんたはあれもらいなよ。

 伝えよう

（1）원우야, 정국아, 어디 가는 거야?

　　　(パッチムなしの名前)　야, (パッチムありの名前)　아, (疑問詞)　(連体形)　거야?
　　　※親しい人に呼びかける時、パッチムなしの名前には「～야」、パッチムありの名前には「～아」をつけていう。

（2）원우가 좋아하는 사람은 지은이가 아니야.

　　　(パッチムなしの名前)　가 좋아하는 사람은 (パッチムありの名前)　이가 아니야.
　　　※親しい人の愛称として、パッチムありの名前に「～이」をつけていうことがある（パッチムなしの名前の場合は何もつけない）。

（3）나는 이걸로 할게. 너는 어느 걸로 할래?

（4）너 잘 알잖아. 나 내일 파티 못 가는 거.

　　　너 I　　　　　 잖아. 나 내일 (連体形)　　　　　거.

> ## 単語バンク（図形）
> 삼각형〈三角形〉(三角形)　사각형〈四角形〉(四角形)
> 세모(三角)　네모(四角)　원(円)　동그라미(丸)
> 마름모(ひし形)　원뿔〈圓－〉(円錐)　원통형〈圓筒形〉(円筒形)
> 높이(高さ)　길이(長さ)　넓이(広さ)　깊이(深さ)　두께(厚さ)　굵기(太さ)
> 가로(横に)　세로(縦に)　부피(かさ、体積)

第**38**課

平日にしては人がとても多いですね

평일치고는 사람이 너무 많네요.

  単語と表現

2-6

☐	거리 〈距離〉	名距離	☐	이	名歯
☐	결심 〈決心〉	名決心 [〜하다]	☐	이상하다 〈異常−〉	形変だ、おかしい
☐	결정 〈決定〉	名決定 [〜하다]	☐	입구 〈入口〉	名入口
☐	광주 〈光州〉	名光州（地名）	☐	작가 〈作家〉	名作家
☐	〜 내로	表現〜のうちに	☐	줄넘기	名縄跳び [〜하다]
☐	넘어지다	動転ぶ	☐	지켜보다	動見守る
☐	느낌이 들다	表現気がする	☐	참다	動耐える、我慢する
☐	마음을 먹다	表現心に決める	☐	처리 〈處理〉	名処理 [〜하다]
☐	머물다	動泊まる	☐	춤을 추다	表現（踊りを）踊る
☐	미끄럽다	形滑りやすい ㅂ変	☐	충분하다 〈充分−〉	形十分だ
☐	바닥	名床	☐	평일 〈平日〉	名平日
☐	언어 〈言語〉	名言語	☐	필요 〈必要〉	名必要 [〜하다]
☐	욕실 〈浴室〉	名浴室	☐	하룻밤	名一晩
☐	웃음이 나오다	表現笑いが出る	☐		

※用言の名詞形は、38.1. を参照（これらも覚えること）。

※疑問詞＋ㄴ가により不定の表現が得られる。

언젠가 表現いつか

누군가 表現誰か

어딘가 表現どこか

무엇인가／뭔가 表現何か

108

文法ノート

38.1. ～こと [名詞形]

　用言を名詞化(～こと)する表現には、Ⅰ-기とⅡ-ㅁの２つがある。ここでは、これらの形によって名詞化した常用単語をいくつか紹介する。

活用Check！
2-7
〈Ⅰ-기により作られた名詞(形)〉

달리기　줄넘기　크기　세기　빠르기

읽기　쓰기　말하기　듣기　만들기

〈Ⅱ-ㅁにより作られた名詞(形)〉

걸음　꿈　느낌　만남　웃음　울음　모임　믿음　졸음

물음　배고픔　쉼　삶*　죽음　춤　그림　가르침　도움

*살다の名詞形は、特別な形をとるので注意すること。

例1. 언어를 공부할 때에는 읽기, 쓰기, 말하기, 듣기 모두 중요한 거예요.
　2. 작가는 누구나 그림을 그린 후에 비싸게 팔고 싶어해요.

練習 1 (　　)の用言を名詞形に変え、日本語に訳してみよう。
例：이 정도 (빠르다 : 早い)로 읽으면 될까요？
　　→이 정도 빠르기로 읽으면 될까요？
　　　これくらいの速さで読めばいいでしょうか。

〈A〉
(1) 미주는 (달리다 : 走る)를 좋아해서 매일 운동장에서 (달리다 : 走る)를 해요.
(2) 지난번 (모이다 : 集まる)에서 그 이야기는 다 끝낸 것 같은데요.
(3) 소고기로 불고기 (만들다 : 作る)를 해 보고 있어요.
(4) 지희 씨를 만나면 자꾸만 (웃다 : 笑う)이 나와서 참을 수가 없네요.

〈B〉
（1） （줄넘다 : 縄(を)飛ぶ）를 꾸준히 하면 건강에 좋지요.
（2） 우리 언젠가 만난 적이 있는 것 같은 （느끼다 : 感じる）이 들어요.
（3） 이번이 마지막 （만나다 : 会う）이 될 수도 있어요.
（4） （배고프다 : お腹空いた）을 참을 수가 없어서 아까 먼저 밥을 먹었어요.

38.2. Ⅰ-기による慣用句

38.1.で学んだⅠ-기（名詞形）は、様々な慣用句を作る際にも用いられる。ここでは、Ⅰ-기を含む慣用句をいくつか学ぶ。

① Ⅰ-기로 하다「〜ことにする」［決定］
2-8
※하다の代わりに결정하다（決定する）、결심하다（決心する）、마음을 먹다（心に決める）などを用いることもできる。
例1． 그 사람을 일단 한번 지켜보기로 했어요.
2． 올해부터 다이어트하기로 결심했어요.

② Ⅰ-기는 하다「〜ことは〜する、〜ことは〜だ」［部分肯定］
※動詞、存在詞とともに用いられると「〜ことは〜する」、形容詞、指定詞とともに用いられると「〜ことは〜だ」という意味を表す。
例1． 한국 음식을 먹기는 하지만 매워서 잘 안 먹어요.
2． 광주까지 거리가 멀기는 하지만 오늘 내로 충분히 갈 수 있어요.

③ Ⅰ-기 시작하다「〜し始める」［開始］
例1． 새로운 언어를 배우기 시작했어요.
2． 지난 4월부터 공부하기 시작했거든요.

④ Ⅰ-기(를) 바라다「〜ことを願う」［願望］
※Ⅰ-기(를) 바랍니다で、「〜ようお願い致します」という丁寧な命令表現になる。
例1． 하룻밤 머문 후에 가시기를 바랍니다.
2． 잊어버린 물건이 없는지 잘 보시기 바랍니다.

⑤ Ⅰ-기 쉽다/Ⅰ-기 어렵다/Ⅰ-기 좋다「〜しやすい／〜しにくい／〜するのによい」
例1． 욕실 바닥이 미끄러워서 넘어지기 쉬워요. 조심하세요.
2． 그분은 바빠서 만나기 어려워요.
3． 여기가 놀기 좋네요.

⑥ **Ⅰ-기 전에「～する前に」**［先行動作］

※反対の表現は、**Ⅱ-ㄴ 후(에)**、**Ⅱ-ㄴ 다음(에)**、**Ⅱ-ㄴ 뒤(에)**（28.1.：～た後に）。

例1. 출발하시기 전에 연락해 주세요.

　　2. 사람들이 다 모이기 전에 출발하지 마세요.

⑦ **Ⅰ-기 위해(서)「～ために」**［目的］

※体言＋를/을 위해서で「～のために」という意味を表すこともある。

例1. 차를 사기 위해서 돈을 모으고 있어요.

　　2. 그 문제를 이번 주 내로 처리하기 위해서는 여러 가지 준비가 필요해요.

　　3. 내일은 어머니를 위해 하루 종일 집에 있을 거예요.

⑧ **Ⅰ-기 때문에「～ため」**［理由］

※体言＋때문에で「～のため、せいで」という意味を表すこともある。また、**Ⅰ-기/体言＋** 때문이다という形で用いられると、「～(の)ためだ、せいだ」という意味を表す。

例1. 오늘은 비가 올 것이기 때문에 우산을 가져가야 해요.

　　2. 욕실에 비누가 없기 때문에 하나 사야 할 것 같아요.

　　3. 수업 때문에 오늘은 저는 놀러 갈 수 없어요.

練習2 朝鮮語に訳してみよう。

〈A〉

（1）今度のパーティーでヘンリー（헨리）さんと一緒に踊りを踊ることにしました。

（2）変な気がすることはしますねぇ。［発見的詠嘆］

（3）インス（인수）さんは、彼女に出会ってから変わり始めました。［만나다を使って］

（4）寝る前に必ず歯を磨かなければなりません。

〈B〉

（1）この言語は朝鮮語に比べて、習いやすいです。

（2）なくしてしまった指輪を探すために机の下を見てみました。

（3）早く治ることを願っています。

（4）その人は、昔、英語の先生であったため、いつも英語を教えたがっています。

38.3. 副詞＋用言による慣用句

副詞＋用言による常用表現を３つ紹介する。

①너무 ～「あまりに～だ、～すぎる」［極端］

2-9

例 1. 방학이 너무 길어서 이제는 빨리 학교에 가고 싶어요.

   2. 한국 음식은 너무 매워서 먹기가 어려워요.

②그만 ～「～するのをそれくらいにする」［終了］

例 1. 이제 그만 놀고 공부합시다.

   2. 이제 그만 떠드세요！

③계속 ～「ずっと～する、～続ける」［継続］

例 1. 그렇게 술을 계속 마시면 몸에 안 좋아요.

   2. 이상한 소리가 계속 들려요.

練習 **3** 朝鮮語に訳してみよう。

〈A〉

（1）ジェヒ（**재희**）は、パーティーでずっと踊って、歌を歌っていたんですよ。

[Ⅰ-더라고요を使って]

（2）今日は遊びすぎました。もう家に帰らなければなりません。

（3）食べ物を出す（→くれる）のはそのくらいにしてください。お腹が一杯すぎます。

（4）人々が集まり続けています。

〈B〉

（1）あまりに心が痛くて、涙が出ますねぇ。[発見的詠嘆]

（2）縄跳びをし続けていたら、あまりに疲れました。[Ⅲ-ㅆ더니を使って]

（3）私に（もう（それくらいで））連絡しないでください。

（4）もうテニスをするのはこのくらいにして、バドミントンを習ってみたいです。

그만 자고 일어나요!

38.4. その他の助詞（３）[助詞（９）]

　新たな助詞をいくつか学ぶ。本課で学ぶ助詞は、パッチムの有無に関わらず同じ助詞を用いる。

2-10 ①〜**마다**「〜ごとに」[間隔]

例 버스는 10분마다 오니까 조금만 더 기다리세요.

②〜**치고(는)**「〜にしては、〜の中で」[基準]

例 1.　여기는 유명한 관광지치고는 사람이 많이 없는 것 같지 않아요?

　 2.　한국 사람치고 술이 약한 사람이 없더라고요.

③〜**처럼**「〜のように」[比況]

例 얼굴이 사과처럼 빨갛네요!

練習 **4** 朝鮮語に訳してみよう。

〈A〉

（1）毎日（→日ごとに）朝鮮語を勉強することはします。

（2）人なら（→人の中で）お金が嫌いな人はいないでしょう。[**Ⅱ**-ㄹ 것이다を使って]

（3）この間のように処理すればよいのでしょうね？　[**Ⅰ**-겠다を使って]

（4）今回（→今度）旅行に行った時にですね、食べるものが全て（→食べるものごとに）おいしくてとても良かったです。

〈B〉

（1）こんなに（→このように）美しい都市は初めてみますねぇ。[発見的詠嘆]

（2）地下鉄の駅の入り口にしては小さすぎますねぇ。[発見的詠嘆]

（3）今日のように明日も雨がたくさん降ったら、行かないことにしました。

（4）毎晩（→夜ごとに）先生から連絡が来てつらいです。

会話しよう

2-11

カラムさんと有紀さんは、明洞で映画を見ることにしました。まだ時間があるので街を散策しています。

유키 : ① 평일치고는 사람이 너무 많네요.

가람 : ② 그렇네요. 거리마다 복잡하기는 하네요.

　　　그래도 좋잖아요. 이런 느낌.

유키 : ③ 네. 그렇지만 명동처럼 사람이 많은 곳에 오면 피곤하지

　　　않아요?

가람 : ④ 네. 저도 계속 걸었더니 힘드네요.

　　　우리 그만 걷고 영화 보기 전에 뭐 먹기로 할까요?

유키 : ⑤ 그것보다 예쁜 옷을 파는 곳에 가 보고 싶은데요!

コラム ◆ 明洞

　会話に出てきた明洞(명동)は韓国の原宿と称され、ソウルでも屈指の繁華街(번화가)として知られている。具体的には、地下鉄４号線の明洞駅から地下鉄２号線乙支路入口(을지로입구)駅にかけての一帯を指すが、この地域(지역)にはデパートやブランドショップ、セレクトショップ、飲食店(음식점)、カフェ、コスメ店、エステ(에스테틱<aesthetic>)、屋台などが軒を連ね、韓国人のみならず外国人観光客(외국인 관광객)の姿も多くみかける。近くには韓国最大の市場である南大門市場(남대문시장)や国宝第一号の崇礼門(숭례문)のほか、南山公園(남산공원)、Ｎソウルタワー(N서울타워)、ソウル駅(서울역)などもあり、ショッピングと観光を一度に楽しめるエリアとなっている。

書いてみよう

（1）あまりに重いと持ちにくいから、もう入れるのをそれくらいにしてください。

（2）このお酒はあまりに強いので、飲みにくいですねぇ。[発見的詠嘆]

（3）明日の試験に合格するために、今日は一日中勉強し続けています。

（4）学生たちがずっと騒いでいるので、授業がしにくいですねぇ。[発見的詠嘆]

伝えよう

（1）준호하고 여기에서 놀기로 했어요. 곧 올 거예요.

<u>(名前)</u>　　　하고 여기에서 Ⅰ　　　기로 했어요. 곧 Ⅱ　　　ㄹ 거예요.

（2）지은이하고는 이야기하기가 쉬워요/어려워요/좋아요/싫어요/힘들어요.

<u>(名前)</u>　　하고는 Ⅰ　　　기가 쉬워요/어려워요/좋아요/싫어요/힘들어요.

（3）이제 그만 하고 가는 게 어때요?

이제 그만 Ⅰ　　　고 <u>(連体形)</u>　　　게 어때요?

（4）여기는 올 때마다 사람이 많네요.

<u>(体言)</u>　　　는/은 Ⅱ　　　ㄹ 때마다 Ⅰ　　　네요.

単語バンク（数学）

소수점〈小数点〉(小数点)：0.4 (영점사 [영쩜사])　3.6(삼점육 [삼쩜뉵])

분수〈分数〉(分数)：2/3 (삼분의이)　1/2 (이분의 일)

퍼센트〈percent〉(パーセント)：40%(사십퍼센트／사십프로)

덧셈(足し算)　뺄셈(引き算)　나눗셈(割り算)　곱셈(掛け算)

2 더하기 2는 4 (2＋2＝4)　5 빼기 2는 3 (5－2＝3)
9 나누기 3은 3 (9÷3＝3)　4 곱하기 2는 8 (4×2＝8)

第39課 ずっと忙しかったようですね

계속 바쁘시나 봐요.

 単語と表現

☐	가격 〈價格〉	名価格	☐	배추	名白菜
☐	감자	名じゃがいも	☐	보고 〈報告〉	名報告 [～하다]
☐	더위	名暑さ	☐	비타민 〈vitamin〉	名ビタミン
☐	드리다	動差し上げる	☐	역사 〈歴史〉	名歴史
☐	도시락	名お弁当	☐	올라가다	動上がっていく
☐	돌	名石	☐	외롭다	形寂しい ㅂ変
☐	등 〈等〉	名など	☐	인사 〈人事〉	名挨拶 [～하다]
☐	똑같다	形全く同じだ	☐	지치다	動疲れる、くたびれる
☐	못생기다	形醜い	☐	추가 〈追加〉	名追加 [～하다]
☐	무	名大根	☐	콘서트 〈concert〉	名コンサート
☐	반찬 〈飯饌〉	名おかず	☐	표 〈票〉	名チケット

※接続詞相当の接続表現は、 39.2. を参照（これらも覚えること）。
※추위 名寒さ
※올라오다 動上がってくる

文法ノート

▌39.1. ～ようだ［推測］

　推測の表現「～ようだ」は、動詞・存在詞は**Ⅰ**-는가 보다、形容詞・指定詞は**Ⅱ**-ㄴ가 보다により表す。この活用は、31.1.で学んだ前置きの表現（～んですが）や、34.1.で学んだ名詞節を作る表現（～(の)か）と並行したものである（p.50 上段の注意欄も参照）。

🔊 **活用Check！**
2-13

　　나오다(出てくる) － 나오는가 보다 ／ 나왔는가 보다

　　없다(ない、いない) － 없는가 보다 ／ 없었는가 보다

　　외롭다(寂しい) － 외로운가 보다 ／ 외로웠는가 보다

　　학생이다(学生である) － 학생인가 보다 ／ 학생이었는가 보다

　また、類似表現として**Ⅰ**-나 보다がある。これは、全ての品詞とともに用いることが可能である。

　　　모르다 － 모르나 보다 ／ 몰랐나 보다
　(知らない、わからない)

　　　춥다 － 춥나 보다 ／ 추웠나 보다
　(寒い)

＋α

　※この表現は、「～를/을 보니(까) ～가 보다／～나 보다」(～をみると、～ようだ)の形でよく使われる（ちなみにここに含まれる**Ⅱ**-니까は「～と、～たら」という［契機］の意味で用いられたものである）。
　　例：(窓の外を見て)사람들이 우산을 가지고 있는 것을 보니 밖에 비가 오나 봐요.
　※また、類似表現に**Ⅰ**-는 모양이다(動詞・存在詞)、**Ⅱ**-ㄴ 모양이다(形容詞・指定詞)がある。この表現に含まれる모양は、〈模様〉という漢字語である。
　　例：(窓の外を見て)사람들이 우산을 가지고 있는 것을 보니 밖에 비가 오는 모양이에요.

例1. 입고 있는 옷을 보니 학생인가 봐요.
2. 요새는 시간이 별로 없나 봐요. 잘 안 오시네요.

練習 **1** (　　) の用言を **I**-는가 보다／**II**-ㄴ가 보다、**I**-나 보다に変え、日本語に訳してみよう。

例 : 한국의 역사를 잘 (모르다 : 知らない).
　　→한국의 역사를 잘 모르는가 봐요. ／모르나 봐요.
　　　韓国の歴史をよく知らないようですね。

〈A〉
(1) 밥 안에 돌이 (있다 : ある).
(2) 더위는 일본이나 한국이나 (똑같다 : 同じだ).
(3) 감기 다 (나았다 : 治った). 괜찮아 보이네요.
(4) 말을 못하는 것을 보니까 그 사람 되게 (못생겼다 : 醜い).

〈B〉
(1) 그 사람도 이제 (기다림에 지쳤다 : 待ちくたびれた).
(2) 콘서트에 되게 (가고 싶다 : 行きたい).
(3) 방에 들어간 것을 보니 별로 우리랑 (놀고 싶지 않다 : 遊びたくない).
(4) 여기 (올라가도 되다 : 上がっていってもいい). 다들 올라가네요.

39.2. 接続表現

文と文をつなぐ表現（接続表現）をいくつか覚えよう。

🔊 **2-14**

예를 들면　　　가령

생각해 보면　　생각해 보니(까)

다시 말하면　　다시 말해(서)

그러고 보니(까)　　그렇지 않아도　　안 그래도

요컨대　　솔직히 말하면

뿐만 아니라　　게다가　　결국　　어쨌든

例1. 그러고 보니까 이건 아까 그거랑 똑같네요.
2. 솔직히 말하면 저는 이제 주희 씨 거짓말에 지쳤어요.

練習 2 （　　）に適当な接続詞を入れて文を完成させ、日本語に訳してみよう。
例：(다시 말해) 그것은 저만의 문제는 아닌 거예요.
　　言い換えれば、それは私だけの問題ではないのです。

〈A〉
（1）비타민이 많은 과일은 （　　　　　　） 사과, 귤 등이 있어요.
（2）그만 하세요. （　　　　　　） 이게 그렇게 큰 문제는 아니에요.
（3）요새 돈이 없어서요, （　　　　　　） 콘서트에는 안 가기로 했어요.
（4）（　　　　　　） 저는 안 가요.

〈B〉
（1）（　　　　　　） 오늘이 제 생일이었네요.
（2）（　　　　　　） 한국의 역사는 이렇게 매우 복잡합니다.
（3）한국은 겨울에 춥습니다. （　　　　　　） 여름에는 매우 덥습니다.
（4）（　　　　　　） 저 감기에 걸렸는데 괜찮을까요?

39.3. 〜て差し上げる［謙譲］

　謙譲の表現「〜て差し上げる」は、Ⅲ-φ드리다により表す。謙譲の表現であるため、主語は、1人称になる。

🔊 活用Check！
2-15
　자르다(切る) － **잘라 드리다**

　넣다(入れる) － **넣어 드리다**

　なお、「○○하다」の形をとる하다用言(動詞)は、○○드리다により謙譲の表現を作ることができる。

전화하다 – 전화드리다 / 연락하다 – 연락드리다
(電話する)　　　　　　　　　　(連絡する)

인사하다 – 인사드리다 / 보고하다 – 보고드리다
(挨拶する)　　　　　　　　　　(報告する)

설명하다 – 설명드리다 / 약속하다 – 약속드리다
(説明する)　　　　　　　　　　(約束する)

+α
※말하다(話す)は、말씀드리다(申し上げる)になるので、注意。
※드리다には、「差し上げる」という意味の本動詞としての用法もあるため、～을/를 드리다で、「～を差し上げる」という意味になる。

例1. 손님, 지금 고기 잘라 드려도 될까요?
　2. 네, 꼭 약속드릴게요. 내일은 안 늦어요.

練習 3 朝鮮語に訳してみよう。

〈A〉
（1）父のお弁当にじゃがいもとおかずを入れて差し上げたら、おいしく召し上がりました。
（2）明日ぐらいに差し上げることができそうなのですが、お待ちになることができるでしょうか。
（3）重いでしょう（→重くていらっしゃるでしょう）。私が持って差し上げますね。
（4）私が写真を撮って差し上げますよ。お立ちください。

〈B〉
（1）故郷にいらっしゃるお母様に電話をよくかけて差し上げてください。寂しくていらっしゃると思います。[Ⅱ-ㄹ 것이다を使って]
（2）申し上げることがあって来ました。[未実現連体形を使って]
（3）はいはい、出発する前に必ず連絡差し上げますね。
（4）これ追加して差し上げたら、とても喜ばれると思います。

39.4. 〜たり［列挙］

列挙の表現「〜たり」は、**I**-거나により表す。

🔊 活用Check！
2-16

기르다 – 기르거나
（育てる、飼う）

짓다 – 짓거나
（（ご飯を）炊く、（家を）建てる）

　この形は、以下の例1のように「**I**-거나 **I**-거나 하다」（〜たり〜たりする）という文型で用いられるほか、例2のように単独で使用されることもある。

例1．여름이 되면 집에서도 배추를 기르거나 감자를 기르거나 해요.
　２．제 남자친구는 잘생겼거나 돈이 많아야 해요.

練習 **4**　（　　）の用言を**I**-거나に変え、日本語に訳してみよう。
例：주말에는 가족을 위해 밥을 （짓다：炊く）세탁을 （하다：する）해요.
　　→주말에는 가족을 위해 밥을 짓거나 세탁을 하거나 해요.
　　　週末には、家族のためにご飯を炊いたり、洗濯をしたりします。

〈A〉
（1）돈이 있으면 집을 （사다：買う）여행을 （가다：行く）하고 싶어요.
（2）학교까지는 자전거를 （타다：乗る）（걷다：歩く）해요.
（3）아이가 （힘들어하다：つらそうにしている）（피곤해 하다：疲れている）하면
　　　바로 연락 드릴게요.
（4）김치는 배추로 （만들다：作る）무로 만들어야 해요.

〈B〉
（1）친구를 만나면 영화를 （보다：見る）커피숍에서 （이야기하다：話す）해요.
（2）혜진 씨는 （울다：泣く）（떠들다：騒ぐ）하는 사람을 보면 피곤해 해요.
（3）음식이 （모자라다：足りない）（맛이 없다：まずい）하면 말씀해 주세요.
（4）담배를 （피우다：吸う）술을 （너무 마시다：飲みすぎる）하면 몸에 안 좋겠죠.

会話しよう

2-17

有紀さんがカラムさんに電話をかけます。

유키 : ① 가람 씨! 오래간만이에요. 저 유키예요.

가람 : ② 아, 유키 씨! 그렇지 않아도 연락드리고 싶었는데

　　　계속 바쁘시나 봐요. 만나기 어렵네요.

유키 : ③ 가람 씨가 바빴겠죠. 연락도 한번 안 하고….

가람 : ④ 생각해 보니까 요새 학교를 못 갔네요.

　　　더위에 지쳐서 갈 수 없었어요.

유키 : ⑤ 드릴 말씀 있어요.

　　　저 가람 씨 좋아하나 봐요.

コラム ◆ 多彩な形容詞

　いくつかの形容詞は日本語より細分化された語彙を持つ。例えば、「黄色い」にあたる語は、第32課で学んだとおり、노랗다であるが、この他にも色の濃さや描写する対象(대상)に応じて누렇다、노르다、누르다、노르끄레하다、노리끼리하다、노르께하다、누르께하다、노르무레하다、노르스름하다、뇌랗다、뉘렇다…など多様な語彙を持つ。また、「辛い」にあたる形容詞も맵다の他、매콤하다、얼큰하다、맵디맵다などの単語(단어)が存在(존재)する。これらの形容詞は、１対１での日本語訳がしにくいので、それぞれどのような意味(의미)を持つのか、辞書(사전)で例文(예문)にあたったり、母語話者(원어민〈原語民〉)に聞いてみるとよいだろう。

書いてみよう

（1）今からご説明することをよくお聞きになって、お答えいただくようお願い致します。

（2）寂しかったり、悲しかったりしたら、いつでも私に電話ください。

（3）コンサートがお好きなようですね。公演のチケットが高そうなのに。しかもこの暑さで…。
　　　　　　　　　　　　　　　　　　　　　　　　　　　[Ⅱ-ㄹ 것 같다を使って]

（4）ミンスさんの（まったく）同じ嘘にもう疲れたみたいです。

 伝えよう

（1）생각해 보니까 오늘 선생님께 연락드려야 하는데 잊고 있었네요.

　　　생각해 보니까 Ⅲ_____야 하는데 잊고 있었네요.

（2）솔직히 말하면 지은이는 여행에 가는 것이 싫었나 봐요.

　　　솔직히 말하면 (名前)_____는/은 (連体形)_____ 것이 싫었나 봐요.

（3）내일 비가 오면 집에서 영화를 보거나 책을 읽거나 하는 건 어때요?

　　　내일 Ⅱ_____면 Ⅰ_____거나 Ⅰ_____거나 하는 건 어때요?

（4）그렇지 않아도 원우 씨하고 이야기를 하고 싶었어요.

　　　그렇지 않아도 (名前)_____ 씨하고 Ⅰ_____고 싶었어요.

単語バンク（干支）　※～年：～띠

쥐（ねずみ、子）　소（牛、丑）　호랑이〈虎狼－〉（虎、寅）　토끼（うさぎ、卯）
용〈龍〉（竜、辰）　뱀（蛇、巳）　말（馬、午）　양〈羊〉（羊、未）
원숭이（猿、申）　닭（鳥／鶏、酉）　개（犬、戌）　돼지（豚、亥）

第40課 思っていたより早く帰ることになりました

생각보다 빨리 돌아가게 됐어요.

 単語と表現

☐	끓이다	動 煮る	☐	부럽다	形 羨ましい ㅂ変
☐	나도 모르게	表現 我知らず	☐	분위기〈雰圍氣〉	名 雰囲気
☐	두껍다	形 厚い ㅂ変	☐	불가능〈不可能〉	名 不可能 [〜하다]
☐	마르다	動 乾く 르変	☐	빨래	名 洗濯 [〜하다]
☐	맡기다	動 任せる	☐	성공〈成功〉	名 成功 [〜하다]
☐	멈추다	動 止まる	☐	아쉽다	形 おしい ㅂ変
☐	물고기	名 （生物としての）魚	☐	여전히〈如前−〉	副 相変わらず
☐	밤을 새우다	表現 徹夜をする	☐	이것저것	表現 あれこれ
☐	밥하다	動 ご飯を炊く、作る	☐	자신〈自身〉	名 自身
☐	부끄럽다	形 恥ずかしい ㅂ変	☐	책임을 지다〈責任−〉	表現 責任を取る

※ラーメンを作る：라면을 끓이다 （←ラーメンを煮る）

文法ノート

40.1. 〜た／〜ていた［大過去形］

　過去形を２つ重ねた表現 Ⅲ-ㅆ었다 は大過去形と呼ばれ、ある行為や状態が現在と完全に切り離されていることを表す。

🔊 活用Check！
2-19

보다 (見る) － 봤었다

덥다 (暑い) － 더웠었다

例1. a. 예전에는 텔레비전을 봤었어요? (지금은 안 보시면서)
　　 b. 그 영화 고등학교 때는 자주 봤었어요. (요즘은 시간이 없어서 못 봐요)
　 2. a. 교실이 더웠었나 봐요. 모두 옷을 벗고 있네요. (지금 저한테는 괜찮은데)
　　 b. 지난 여름 꽤 더웠었지요? (올해 여름은 괜찮네요)

練習 1 　（　　）の用言を Ⅲ-ㅆ었다 に変え、日本語に訳してみよう。また、例に倣って言外に表される意味を考えてみよう。

例 : 결혼하기 전까지는 술을 (마시다 : 飲む) 요.
　　→결혼하기 전까지는 술을 마셨었어요. (결혼하고 나서는 안 마셔요)
　　　結婚する前まではお酒を飲んでいました。(結婚してからは飲みません)

〈A〉
（1）어렸을 때는 (예쁘다 : かわいい) 요.
（2）어제까지는 제 자신이 (부끄럽다 : 恥ずかしい) 요.
（3）아까 기차가 잠깐 (멈추다 : 止まる) 요.
（4）예전에는 아버지를 위해 자주 (밥하다 : ご飯を炊く) 지요.

〈B〉
（1）이런 일은 영호 씨에게 (맡기다 : 任せる) 요.
（2）좋은 차는 전부 사서 (모아 보다 : 集めてみる) 지요.
（3）아까는 빨래가 다 (마르다 : 乾く) 는데….
（4）지우 씨는 한국에서 크게 (성공하다 : 成功する) 지요.

40.2. ～でしょうに［推測］

推測の表現「～でしょうに」は、Ⅱ-ㄹ 텐데により表す。

🔊 **活用Check !**

2-20
갈 수 있다 - 갈 수 있을 텐데 ／ 갈 수 있었을 텐데
（行くことができる）

아쉽다 - 아쉬울 텐데 ／ 아쉬웠을 텐데
（おしい）

17.4. で学んだ丁寧さを表す-요をつけて、Ⅱ-ㄹ 텐데요のように言うこともできる。

例 1. 그냥 가기 아쉬울 텐데 더 놀다가 가세요.
   2. 미리 연락을 주셨으면 저도 갈 수 있었을 텐데요.

練習 **2** （　）の用言をⅡ-ㄹ 텐데に変え、日本語に訳してみよう。
例：한국은 날씨가 （춥다 : 寒い） 두꺼운 옷을 준비하세요.
   →한국은 날씨가 추울 텐데 두꺼운 옷을 준비하세요.
   　韓国は天気が寒いでしょうに（から）、厚い服を準備してください。

〈A〉
（1）모두 여행을 가면 （부럽다 : うらやましい） 지우 씨도 가는 것이 어때요?
（2）승석 씨도 （먹고 싶었다 : 食べたかった） 어떻게 참았어요?
（3）한국어를 （공부해 봤다 : 勉強してみた） 이것도 몰라요?
（4）연락하셨으면 （도와 드렸다 : 助けて差し上げた） 왜 연락 안 하셨어요?

〈B〉
（1）제가 계속 같이 （있어 주다 : いてあげる） 뭐가 걱정이에요!
（2）세 명이 같이 해도 （불가능하다 : 不可能だ） 왜 자꾸 하고 싶어하세요?
（3）지금쯤 （도착했다 : 到着した） 연락이 없네요.
（4）분위기가 여전히 （좋지 않다 : 良くない） 그래도 가실래요?

40.3. 〜になる［変化、成り行き］

変化、成り行きの表現「〜ことになる」は、**Ⅰ**-게 되다により表す。

🔊 **活用Check！**
2-21

전화드리다（電話差し上げる） − 전화드리게 되다

받다（受け取る） − 받게 되다

例 1. 안녕하세요. 물어 보고 싶은 것이 있어서 전화드리게 됐는데요.
　　2. 이번에 제가 졸업식에서 상을 받게 됐어요.

練習 3 朝鮮語に訳してみよう。

〈A〉
（1）今度の週末には私が洗濯をすることになりました。
（2）今日は仕事のため、徹夜をすることになりそうです。
（3）今度は、私がソウルに行ってみることになりました。
（4）結局、私がラーメンを作る（→煮る）ことになりました。

〈B〉
（1）その時間にバスがなかったんですよ。だから、友達の家で寝ることになりました。

　　　　　　　　　　　　　　　　　　　　　　［**Ⅰ**-거든요を使って］
（2）することが多いので、会社に残ることになりました。［未実現連体形を使って］
（3）結局、そのこと（일）は、私達2人だけの秘密にすることにしました。
（4）我知らずその人を見るだけで（→その人だけ見れば）、笑ってしまいます（→笑うようになります）。

40.4. 〜ようと思う［意図］

意図の表現「〜ようと思う」は、**Ⅱ**-려고 하다により表す。

🔊 **活用Check！**
2-22

모으다（集める） − 모으려고 하다

굽다（焼く） − 구우려고 하다

만들다（作る） − 만들려고 하다

+α

> ※ 23.1. で ㄹ語幹用言は、第Ⅰ語基、第Ⅱ語基に「ㅅ、ㅂ、ㄹ、ㄴ」から始まる語尾類が続く際に、語基の末尾の ㄹ が脱落することを学んだが、このうち ㄹ で始まる語尾類とは、パッチムの位置に ㄹ を持つ語尾類のみを指す(例えば、Ⅱ-ㄹ(未実現連体形)は、その代表例である)。一方、Ⅱ-려고 하다のように初声に ㄹ を持つ語尾類が続く際には、ㄹ が脱落しないことに注意。

例 1. 물고기를 잡아서 맛있게 구우려고 해요.
  2. 집을 사기 위해 올해부터 돈을 모으려고 해요.

話しことばでは、Ⅱ-려고요(~ようと思いまして)がよく使われる。また、Ⅱ-려고は、「~するために」という目的の表現になることもある。

例 1. 이번 주말에 뭐 할 거예요? – 친구랑 영화 보려고요.
  2. 김치찌개를 만들려고 이것저것 사 봤어요.

練習 4 ( )の用言を Ⅱ-려고に変え、日本語に訳してみよう。
例 : 저도 이제 좀 (쉬다 : 休む) 해요.
  →저도 이제 좀 쉬려고 해요. 私ももう少し休もうと思います。

〈A〉
(1) 이번 일은 제가 (책임을 지다 : 責任を取る) 해요.
(2) 민수 씨는 집에 (돌아가지 않다 : 帰らない) 하더라고요.
(3) 일본에 돌아가는 유타 씨를 위해 (요리하다 : 料理する) 해요.
(4) 여행을 (가다 : 行く) 싼 비행기 표를 찾고 있어요.

〈B〉
(1) 그 영화를 저도 한번 (봐 보다 : 見てみる) 해요.
(2) 커피를 (마시다 : 飲む) 물을 끓이고 있어요.
(3) 저를 (만나다 : 会う) 하셨겠지만 저는 약속이 있었어요.
(4) 저도 꼭 (도와 주다 : 助けてあげる) 했었는데요, 시간이 없었어요.

40.5. 特殊な濃音化

ここでは、ある環境で規則的に起こる特殊な濃音化について学ぶ。

（1）漢字語のㄹの後のㄷ, ㅈ, ㅅ

2-23

漢字語でㄹパッチムの後にㄷ、ㅈ、ㅅが続く時、それぞれ濃音化して発音される。

例 발달（発達）[발딸]　　결정（決定）[결쩡]　　필수（必須）[필쑤]

（2）特定の漢字語

以下の漢字は、語中に現れた時、濃音化する。

例 가〈価〉　　가격（価格）[가격]　　물가（物価）[물까]
　　과〈科〉　　과학（科学）[과학]　　안과（眼科）[안꽈]
　　건〈件〉　　건수（件数）[건수]　　사건（事件）[사껀]
　　권〈権〉　　권리（権利）[궐리]　　인권（人権）[인꿘]
　　자〈字〉　　자막（字幕）[자막]　　한자（漢字）[한짜]
　　점〈点〉　　점수（点数）[점수]　　종점（終点）[종쩜]

+α

※このような漢字語には他にも권〈券〉、권〈圏〉、병〈病〉、장〈状〉、증〈症〉などが
　ある。

※ただし、以下の漢字は、語中で濃音化する場合と、しない場合があるので注意。
　例：기〈気〉　　활기（活気）[활기]　　인기（人気）[인끼]
　　　법〈法〉　　방법（方法）[방법]　　문법（文法）[문뻡]
　　　격〈格〉　　자격（資格）[자격]　　성격（性格）[성격]
　　　증〈証〉　　영수증（領収証）[영수증]　　면허증（免許証）[면허쯩]

（3）未実現連体形の後の要素

未実現連体形（II-ㄹ）の後の수、것／거（依存名詞）は、濃音化する。

例 할 수 있어요（できます）[할쑤이써요]
　　먹을 거예요（食べるつもりです）[머글꺼에요]

+α

※II-ㄹ게요（〜ますね：30.2.）も［ㄹ께요］と濃音化して発音される。

（4）習慣的な濃音化

話しことばでは、習慣的に濃音化して発音される語がある。模範的な発音ではないが聞くこ
とは多いはずなので、知識として知っておくとよいだろう。

例 교과서（教科書）[교꽈서]　　카페（カフェ）[까페]　　버스（バス）[뻐스]

会話しよう

電話を切った後、カラムさんが有紀さんのところにやって来ます。

가람 : ① 제가 먼저 말하려고 했는데…. 좀 부끄러웠었어요.

이제는 말할 수 있어요. 저도 유키 씨 좋아해요.

유키 : ② 고마워요. 사실 그 말 계속 기다리다가 이제 그만두려고

했었거든요.

가람 : ③ 저는 유키 씨가 저를 좋아하지 않는 줄 알았어요.

유키 : ④ 그런데, 가람 씨, 저 일본에 생각보다 빨리 돌아가게

됐어요.

가람 : ⑤ 아, 한국에 계속 있으면 좋을 텐데….

コラム ◆ 記念日1

韓国のカップルは記念日(기념일)を重視する人が多い。付き合って22日、49日、100日、200日、300日…と、多くの記念日を祝う。ちなみに韓国には、毎月14日には、以下のような不思議な記念日が存在している(諸説あり)。

1月14日：ダイアリーデー(恋人に手帳(수첩)をプレゼントする日)
2月14日：バレンタインデー(女性が男性にチョコレート(초콜릿)をプレゼントする日)
3月14日：ホワイトデー(男性が女性にキャンディー(사탕)をプレゼントする日)
4月14日：ブラックデー(恋人がいない男女が黒い服を着てジャージャー麺(짜장면/자장면)を食べる日)
5月14日：イエローデー：(恋人がいない男女が黄色い服を着てカレー(카레)を食べる日)
6月14日：キスデー(恋人同士がキスをする日)
※7月以降は、第41課のコラムを参照。

書いてみよう

（1）そうでなくても連絡しようと思っていました。[大過去形を使って]

（2）ソミン（소민）さん、今試験の準備で（→のため）忙しいでしょうに、会おうですって？
　　　　　　　　　　　　　　　　　　　　　　　　　[**Ⅱ**-려고요？を使って]

（3）その服、まだ乾いてないでしょうに、着ようとしているのですか。

（4）元々、旅行に行こうと思っていたんですが、結局はこうやって計画を変えることになり
　　ましたねぇ。[「～ようと思っていた」は大過去形を使って。発見的詠嘆]

 伝えよう

（1）예전에는 콘서트에 자주 갔었는데 요새는 일 때문에 바빠서 못 가요.

　　예전에는 過去形の **Ⅲ** ＿＿＿＿ ㅆ는데 요새는 (体言) ＿＿＿ 때문에 **Ⅲ** ＿＿＿ 서 못 가요.

（2）연락하셨으면 도와 드렸을텐데 왜 연락 안 하셨어요！

　　연락하셨으면 **Ⅲ** ＿＿＿＿ ㅆ을텐데 왜 연락 안 하셨어요！

（3）아, 저 이번에 부산에 가게 됐어요.

　　아, 저 이번에 **Ⅰ** ＿＿＿＿ 게 됐어요.

（4）A：(何かを見ながら) 가람 씨, 그걸로 뭐 하려고요？
　　B：음, 비빔밥을 만들어 보려고요. 같이 드실래요？

　　A：(何かを見ながら) (名前)＿＿＿＿ 씨, 그걸로 뭐 하려고요？
　　B：음, **Ⅱ** ＿＿＿＿ 려고요. 같이 **Ⅱ** ＿＿＿＿ ㄹ래요？

単語バンク（慣用句１）

가만히 있다（おとなしくしている）　가슴이 답답하다（胸がつかえる）

거리가 있다〈距離−〉（距離がある）　계산에 넣다〈計算−〉（計算に入れる）

그건 그렇다（それはそうだ）　그래서 그런지（だからか）

꿈만 같다（夢のようだ）　남의 말을 하다（人の噂をする）

낮이나 밤이나（昼も夜も）

週末もこんなに人が少ないはずがありません

주말에도 이렇게 사람이 적을 리가 없어요.

  単語と表現

2-25

☐	구경	名 見物 [〜하다]		☐	심심하다	形 退屈だ
☐	긴장 〈緊張〉	名 緊張 [〜하다]		☐	아이스크림 〈icecream〉	名 アイスクリーム
☐	꽉	副 しっかり		☐	얼다	動 凍る
☐	녹다	動 溶ける		☐	얼음	名 氷
☐	물론 〈勿論〉	名／副 もちろん		☐	움직이다	動 動く、動かす
☐	부드럽다	形 柔らかい ㅂ変		☐	인생 〈人生〉	名 人生
☐	빠짐없이	表現 漏れなく、全て		☐	자기 〈自己〉	名 自分
☐	살다	動 生きる		☐	-째	接尾辞 〜番目、〜の間
☐	섭섭하다	形 名残惜しい、寂しい		☐	취직 〈就職〉	名 就職 [〜하다]
☐	성적 〈成績〉	名 成績		☐	포기하다 〈抛棄-〉	動 諦める
☐	식탁 〈食卓〉	名 食卓		☐	헤어지다	動 別れる
☐	실수 〈失手〉	名 失敗、過ち [〜하다]		☐		

 **文法ノート**

41.1. 〜ものだ [当為性、真理]

当為性、真理の表現「〜ものだ」は、**Ⅰ**-는 법이다(動詞、存在詞)／**Ⅱ**-ㄴ 법이다(形容詞、指定詞)、**Ⅰ**-게 마련이다(全ての用言)により表す。この表現に含まれる법は〈法〉という漢字語である。

活用Check！

2-26

실수하다(失敗する) － 실수하는 법이다 ／ 실수하게 마련이다

피곤하다(疲れる) － 피곤한 법이다 ／ 피곤하게 마련이다

例 1. 사람이 실수도 하는 법이지요./실수도 하게 마련이지요.
　 2. 일을 너무 많이 하면 피곤한 법이지요./피곤하게 마련이지요.

練習 1 （　　）の用言を**Ⅰ**-는 법이에요／**Ⅱ**-ㄴ 법이에요、**Ⅰ**-게 마련이에요に変え、日本語に訳してみよう。

例：감기에 걸리면 (목이 아프다：喉が痛い).
　　→감기에 걸리면 목이 아픈 법이에요./아프게 마련이에요.
　　　風邪を引くと喉が痛いものです。

〈A〉
（1）결혼을 하면 (돈을 모으다：お金を貯める).
（2）좋은 사람과 헤어지면 (섭섭하다：名残惜しい).
（3）친구들이 다 유학을 가면 자기도 (가고 싶다：行きたい).
（4）시험 문제가 너무 어려우면 (포기하다：諦める).

〈B〉
（1）친구에게 돈을 빌렸으면 반드시 (돌려줘야 하다：返さなければならない).
（2）사람이 인사를 하면 같이 (인사를 해 주다：挨拶をしてあげる).
（3）아버지와 아들은 성격이 (비슷하다：似ている).
（4）성격이 좋은 학생이 좋은 회사에 (취직하다：就職する).

41.2. 第Ⅲ語基による慣用表現

第Ⅲ語基により作られる慣用表現をいくつか学ぶ。

🔊 2-27 ① **Ⅲ-φ버리다** [完了、後悔]

「〜てしまう」という意味を表す。

例 1. 얼음이 다 녹아 버렸어요.

　　2. 아침에 늦게 일어나 버려서 수업에 늦었어요.

② **Ⅲ-φ놓다／Ⅲ-φ두다** [準備、用意]

「〜ておく」という意味を表す。

例 학생들 이름은 전부 외워 두세요.

※ 37.3. で学んだように話しことばでは、놓다のⅢは、놔-という形になることがある。

③ **Ⅲ-φ오다／Ⅲ-φ가다** [移動、回帰、継続]

「〜てくる／〜ていく」という意味を表す。

例 1. 지금 들어오는 사람이 민호 씨이지요?

　　2. 내일은 꼭 사전을 가져오셔야 해요.

　　3. 한국어를 삼 년째 공부해 오고 있어요.

※ 例 1、2の들어오다(入ってくる)、가져오다(持っていく)のように1単語として認識されている場合は、分かち書きされないこともある（このような語は辞書に独立した見出し語として掲載されている）。

練習 **2** 朝鮮語に訳してみよう。

〈A〉

（1）水を全て飲んでしまったので、買いに行かなければなりません。

（2）食卓をちょっと拭いておいてください。もうすぐお客さんがいらっしゃるんですよ。

　　　　　　　　　　　　　　　　　　　　　　　　　　　　　[Ⅰ-거든요を使って]

（3）戻っていらっしゃる時、りんごちょっと買ってきてください。

（4）ほとんど終わりました（→ほとんど全てしていきます）。少しだけお待ちください。

〈B〉

（1）この単語は、漏れなく全て覚えておくようにお願い致します。

（2）雨が降りそうです。傘を必ず持っていってください。[Ⅱ-ㄹ 것 같다を使って]

（3）これから私たちは、どのような人生を歩んで（→生きて）いかなければならないでしょうか。

（4）私が持っていた本を全部売ってしまったので、もう読む本がありません。

41.3. その他の重要表現（1）

2-28

　これまでに取り上げられなかった重要表現をいくつか紹介する。ここでは、未実現連体形（Ⅱ－ㄹ）を含む表現を主に取り上げる。

① Ⅱ-ㄹ 수밖에 없다 ［唯一方法］

「～しかない」という意味を表す。

例 그런 말을 들으면 섭섭할 수밖에 없을 거예요.

　「体言＋밖에 없다」の場合は、「（体言）しかない／いない」という意味を表す。

例 교실 안에 다섯 명밖에 없는데요.

② Ⅱ-ㄹ 리가 없다 ［確信］

「～はずがない」という意味で、ある事実が到底考えられないという確信を表す。리は〈理〉という漢字語である。

例 이렇게 늦은 밤에 민우 씨가 찾아올 리가 없지요.

　この表現はⅢ-ㅆ다（過去形）につき、「～たはずがない」という意味を表すことも可能である。

例 냉장고에 있는 아이스크림이 벌써 녹았을 리가 없을 텐데요.

※常用の表現に그럴 리가 없다（そんなはずがない）がある。

③ Ⅱ-ㄹ 겸 ［同時目的］

「～ついでに」という意味を表す。겸は〈兼〉という漢字語で［껌］と発音される。

例 영화도 볼 겸, 커피도 마실 겸, 쇼핑도 할 겸 신촌에 갔어요.

④ Ⅱ-ㄹ 만하다 ［行為への価値認定］

「～に値する」という意味を表す。

例 인영 씨는 성적이 좋아서 좋은 회사에 취직할 만하네요.

　なお、「Ⅱ-ㄹ 만한＋…」の形で「～するに値する…」という意味を表す。

例 심심한데 볼 만한 영화 없을까요?

⑤ **Ⅱ-ㄹ 뿐만 아니라** [添加]

「～ばかりか、～だけでなく」という意味を表す。

例 이 아이스크림은 부드러울 뿐만 아니라 너무 맛있어요.

この表現はⅢ-ㅆ다（過去形）につき、「～たばかりか、～ただけでなく」という意味を表すことも可能である。

例 그 사람과는 헤어졌을 뿐만 아니라 연락조차 하지 않아요.

また、「体言＋뿐만 아니라」の場合は、「(体言) ばかりか、～だけでなく」という意味を表す。

例 상희 씨는 성적뿐만 아니라 성격도 좋네요.

⑥ **Ⅱ-ㄹ지도 모르다** [推測、不確実性]

「～かもしれない」という意味を表す。지は［찌］と発音される。

例 꽉 잡아 주세요. 움직일지도 모르거든요.

この表現はⅢ-ㅆ다（過去形）につき、「～たかもしれない」という意味を表すことも可能である。

例 선생님께서는 벌써 가셨을지도 모르겠네요.

練習 **3** （　　）の用言を指示された形に変え、日本語に訳してみよう。

例 : 인호 씨는 경찰이 (되다 : なる、 **Ⅱ**-ㄹ 만하다)네요.

　　→인호 씨는 경찰이 될 만하네요.

　　　インホさんは警察になるに値しますね（相応しいですね）。

〈A〉

（1） 공부할 시간이 없어서 이번 시험은 (포기하다 : 諦める、 **Ⅱ**-ㄹ 수밖에 없다)요.

（2） 저런 사람이 (선생님이다 : 先生である、 **Ⅱ**-ㄹ 리가 없다)요.

（3） 인사동에 벌써 다섯 번째 (와 봤다 : 来てみた、 **Ⅱ**-ㄹ 뿐만 아니라) 너무 사랑해요. [인사동 (仁寺洞) : ソウルの地名]

（4） 지수 씨도 같이 (가고 싶어하다 : 行きたがる、 **Ⅱ**-ㄹ지도 모르다)서 물어 보려고요.

〈B〉

（1）어머니 청소도 （도와 드리다 : 助けて差し上げる、Ⅱ-ㄹ 겸）, 좀 （쉬다 : 休む、
　　　Ⅱ-ㄹ 겸）, 오늘은 친구를 만나러 나가지 않았어요.

（2）물론 （식탁 : 食卓、体言＋뿐만 아니라） 의자도 있지요.

（3）이 근처에 （구경하다 : 見物する、Ⅱ-ㄹ 만하다） 곳이 있어요?

（4）이번에 취직한 사람은 （민수 씨 : ミンスさん、体言＋밖에 없다） 거예요.

［Ⅱ-ㄹ 것이다を使って］

会話しよう

2-29

カラムさんと有紀さんが公園のベンチに座って話しています。

가람 : ① 이 공원은 깨끗할 뿐만 아니라 조용한데 사람은 없네요.

유키 : ② 정말 그렇네요. 운동도 할 겸 쉬러 올 만 한데.

가람 : ③ 월요일이라서 그럴 거예요.

　　　주말에도 이렇게 사람이 적을 리가 없어요.

유키 : ④ 에이, 주말에는 어디에 가도 사람이 많게 마련이에요.

가람 : ⑤ 그럼, 이번 주말에는 학교 도서관에 갈 수밖에 없겠네요.

　　　주말에도 유키 씨와 같이 있고 싶으니까요.

유키 : ⑥ 음, 그런데 약속이 생겨 버려서 저 이번 주말에는 안

　　　될지도 몰라요.

コラム ◆ 記念日 2

1年の後半にも記念日が目白押しである(第40課 コラムの続き)。

7月14日：シルバーデー(恋人同士が銀のアクセサリー(액세서리)をプレゼントする日)
8月14日：グリーンデー(恋人同士で緑の中でデート(데이트)する日)
9月14日：フォトデー(恋人同士で写真(사진)を撮る日)
10月14日：ワインデー(恋人同士でワイン(와인)を飲む日)
11月14日：オレンジデー(恋人同士でオレンジジュース(오렌지 주스)を飲む日)
12月14日：ハグデー(恋人同士でハグ(허그)をする日)

書いてみよう

（1）そのトッポギ、全て食べてしまったら、ヨンホ（**영호**）さんが寂しがるかもしれません。

　　　　　　　　　　　　　　　　　　　　　　　　　　　　　　［섭섭하다を使って］

（2）この絵、写真を撮っていってもいいですか。

（3）緊張すれば、前もって準備しておいた人も失敗するものです。

（4）その川の水がこの町内まで流れてくるため、水が足りないはずがありません。

　　　　　　　　　　　　　　　　　　　　　　　　　　［**Ⅰ**-기 때문에を使って］

伝えよう

（1）어머! 다 먹어 버렸어요. 어떻게 하죠?

　　　어머! **Ⅲ**_____ 버렸어요. 어떻게 하죠?

（2）하늘을 보니까 오늘 비가 올지도 모르겠어요.

　　　(体言)_____를/을 보니까 오늘 **Ⅱ**_____ㄹ지도 모르겠어요.

（3）어, 이상하네요. 이 시간에 아버지께서 오실 리가 없는데.

　　　어, 이상하네요. **Ⅱ**_____ㄹ 리가 없는데.

（4）한국 여행 다녀오셨죠? 음식은 드실 만했어요?

　　　Ⅲ_____ㅆ죠? (体言)_____는/은 **Ⅱ**_____ㄹ 만했어요?

単語バンク（慣用句２）

눈치가 보이다 （（人の目が）気になる）　눈치가 빠르다 （気が利く）

눈치가 없다 （気が利かない）　다 되다 （完成する）

다른 게 아니라 （他でもなく）　두 번 다시 〈－番－〉（二度と）

딱이다 （ちょうどいい、ぴったりだ）　땀을 흘리다 （汗を流す）

마음이 가다 （気が引かれる）　마음이 급하다 〈－急－〉（気が急ぐ）

応用会話7

2-30

第37課から第41課で学んだ内容を復習しながら、少し長めの会話に挑戦してみよう。

——ジュノさん、カラムさんが話しているところに、有紀さんが遅れてきます。

① **준호** : 두 사람, 나는 이렇게 될 줄 알았어. 오늘 밥은 내가 살

테니까, 비싼 거, 이걸로 먹으면 어때?

② **가람** : 아니야. 너무 비싸잖아. 같이 내는 걸로 하면 될 것 같애.

③ **준호** : 이 동네 음식치고는 비싸기는 하네.

④ **가람** : 아, 저기 유키 씨 오나 봐. 유키 씨! 여기예요!

⑤ **유키** : 늦어서 미안해요. 이 식당, 찾기 쉽지 않네요.

출발하기 전에 위치를 잘 확인했는데….

⑥ **준호** : 괜찮아요. 어쨌든 새롭게 사랑하기 시작한 두 사람, 축하

드립니다.

⑦ **유키** : 고마워요. 오늘은 제가 밥을 살 수밖에 없겠는데요.

  単語と表現

2-31

□ **위치** 〈位置〉	名位置

A (1) 밖에 비가 오나 봐요.

(2) 밖에 비가 왔나 봐요.

B (1) 원우 씨가 멋있나 봐요.

(2) 원우 씨가 멋있었나 봐요.

C (1) 우리 내일 만나기로 해요!

(2) 우리 내일 만나기로 했어요!

D (1) 저는 청소할 테니까 우진 씨는 빨래를 해 주실래요?

(2) 가람 씨는 청소할 테니까 지금 가면 안 될 것 같아요.

E (1) 그 가게는 손님이 많았어요.

(2) 그 가게는 손님이 많았었어요.

F (1) 사실 저 내일 중국 여행을 가려고 해요.

(2) 사실 저 내일 중국 여행을 가려고 했어요.

G (1) 여기에 머물 수밖에 없어요.

(2) 맛이 없을 수밖에 없어요.

H (1) 그 음식은 뜨거울 뿐만 아니라 맵기까지 해요.

(2) 그 음식은 뜨거웠을 뿐만 아니라 맵기까지 했어요.

気になりますね

궁금해지네요.

 単語と表現

2-32

☐	**개발** 〈開發〉	名開発 [〜**하다**]	☐	**부작용** 〈副作用〉	名副作用
☐	**거절** 〈拒絶〉	名拒絶 [〜**하다**]	☐	**사업** 〈事業〉	名事業
☐	**고치다**	動直す、治す	☐	**선택** 〈選擇〉	名選択 [〜**하다**]
☐	**구급차** 〈救急車〉	名救急車	☐	**설치** 〈設置〉	名設置 [〜**하다**]
☐	**국내** 〈國內〉	名国内	☐	**소개** 〈紹介〉	名紹介 [〜**하다**]
☐	**내용** 〈內容〉	名内容	☐	**쌓다**	動積む
☐	**무시** 〈無視〉	名無視 [〜**하다**]	☐	**연구** 〈研究〉	名研究 [〜**하다**]
☐	**발견** 〈發見〉	名発見 [〜**하다**]	☐	**이용** 〈利用〉	名利用 [〜**하다**]
☐	**발달** 〈發達〉	名発達 [〜**하다**]	☐	**점점** 〈漸漸〉	副だんだん、徐々に
☐	**발전** 〈發展〉	名発展 [〜**하다**]	☐	**조금씩**	表現少しずつ
☐	**밟다**	動踏む	☐	**지우다**	動消す
☐	**병** 〈病〉	名病気	☐	**칭찬** 〈稱讚〉	名称賛 [〜**하다** : 褒める]
☐	**부상** 〈負傷〉	名負傷 [〜**하다**]	☐	**풀다**	動ほどく、解く

※動詞の受身形は、42.1. を参照（これらも覚えること）。

文法ノート

42.1. 〜られる [受身形]

　朝鮮語の受身表現は、日本語に比べてやや複雑で、いくつかの作り方がある。ここでは主要なものを学ぶことにしよう。

1. －되다／－당하다

　「○○하다」の形をとる하다用言(動詞)は、○○되다／○○당하다により受身形が作られる。後者の場合は、迷惑や被害の意味が明確に表れる。

活用Check！
2-33

개발하다 - 개발되다	／	연구하다 - 연구되다
(開発する)		(研究する)
부상하다 - 부상당하다	／	이용하다 - 이용당하다
(負傷する)		(利用する)
무시하다 - 무시당하다	／	거절하다 - 거절당하다
(無視する)		(拒絶する)

　また、一部の하다動詞は、○○받다により受身を表すことがある。

例：사랑받다(愛される)、소개받다(紹介を受ける)、
　　연락받다(連絡を受ける)、칭찬받다(褒められる)

＋α
> ※○○되다の場合は、日本語に訳した場合、「〜される」と必ずしも一致しないことに注意。
> 　例：발전되다(発展する)、발달되다(発達する)、시작되다(始まる)

練習 1 適切な形を１つ選び、日本語に訳してみよう。

例：이번에 저희 회사에서 새로운 약이 (개발했어요／개발됐어요).
　　→이번에 저희 회사에서 새로운 약이 개발됐어요.
　　　今度、我々の会社で新しい薬が開発されました。

〈A〉
（1）저는 이제까지 철수 씨에게 (이용해／이용당해) 온 거예요.
（2）아버지께 (사랑하고 싶으면／사랑받고 싶으면)
　　　　　　　　　　　　　먼저 아버지를 (사랑해／사랑받아) 보세요.
（3）이번에 제가 (연구한／연구된) 내용이 (선택했어요／선택됐어요).

〈B〉 ※２つとも使えるものもある。

（1）서울은 예전보다 훨씬 （발전했어요／발전됐어요）.

（2）（무시해서／무시당해서）기분은 나쁘지만 （무시하려고요／무시당하려고요）.

（3）어제 연수 씨에게 （연락했는데／연락받았는데）

연수 씨는 （연락하지／연락받지）않더라고요.

2. -이-、-히-、-리-、-기-

　いくつかの動詞は、第Ｉ語基に-이-、-히-、-리-、-기-（接尾辞）をつけることによって受身形が作られる。ただし、以下に示すようにどの動詞にどの接尾辞がつくかは、あらかじめ決まっているため、１つ１つ覚えなければならない。それぞれ左に（能動の）基本形、右に受身形を示す。

-이-		-히-		-리-		-기-	
쓰다	쓰이다	먹다	먹히다	팔다	팔리다	빼앗다	빼앗기다
놓다	놓이다	닫다	닫히다	걸다	걸리다	끊다	끊기다
보다	보이다	밟다	밟히다	풀다	풀리다	안다	안기다
쌀다	쌀이다	잡다	잡히다	듣다	들리다	감다	감기다

※■は特別な形になるので注意。

練習 2 適切な形を１つ選び、日本語に訳してみよう。

例：눈이 많이 （쌓아서／쌓여서）오늘은 학교에 못 갈 것 같아요.

→눈이 많이 쌓여서 오늘은 학교에 못 갈 것 같아요.

雪がたくさん積もったので、今日は学校に行けなさそうです。

〈A〉

（1）저기 （보는／보이는）건물이 우리 학교인데 （보세요／보이세요）?

（2）아까 제가 주호 씨 책상 위에 （놓았는데／놓였는데）

（놓아 있지／놓여 있지）않아요?

（3）누군가에게 발을 （밟으면／밟히면）똑같이 （밟아야／밟혀야）하는 거예요?

〈B〉

（1）전화가 잘 （걸지／걸리지）않네요. 그래도 다시 한번 （걸어／걸려）볼게요.

（2）형이 장난감을 （빼앗으려고／빼앗기려고）했는데

동생은 안 （빼앗더라고요／빼앗기더라고요）.

（3）문이 （닫아／닫혀）있어서 들어가지 못했어요.

3. Ⅲ-지다

Ⅲ-지다によって受身形が作られる動詞もある。

지우다 (消す) － 지워지다

끊다 ((電話,/縁を)切る) － 끊이지다

話しことばでは、(上で見た)接尾辞 -이-、-히-、-리-、-기- により作られた受身形の Ⅲ-지다という形もしばしば用いられる (ただし、これは誤用とみる立場の人もいる)。

例： 보다 → 보이다 → 보여지다、쓰다 → 쓰이다 → 쓰여지다
　　닫다 → 닫히다 → 닫혀지다、끊다 → 끊기다 → 끊겨지다

例1. 전화가 끊어지면 제가 다시 걸게요.
　2. 한글로 쓰여진 편지이기 때문에 읽을 수가 없어요.

練習 3 適切な形を１つ選び、日本語に訳してみよう。
例： 저기 불이 (켜／켜져) 있는 곳이 제 방이에요.
　　→저기 불이 켜져 있는 곳이 제 방이에요.
　　あそこの電気がついているところが私の部屋です。

〈A〉
(1) 자꾸 제 이야기를 (끊으시네요／끊어지시네요).
　　(끊은／끊어진) 이야기 다시 하면요….
(2) 이 학교는 1886년에 (세웠어요／세워졌어요).
　　아마 언더우드가 (세웠을／세워졌을) 거예요.
(3) 이 곳은 중국인 거리로 (알려 있어요／알려져 있어요).

〈B〉
(1) 불을 (끄고／꺼지고) (꺼／꺼져) 있는지 확인하고 나서 가세요.
(2) 이 수업은 선생님의 사랑이 (느끼네요／느껴지네요).
　　저는 그것을 (느낄／느껴질) 수 있어요.
(3) 그 병원은 작년에 명동에서 신사동으로 (옮겼어요／옮겨졌어요).

[신사동 (新沙洞)：ソウルの地名]

+α
> ※習慣上、受身表現は朝鮮語より日本語で多く使われる傾向にあることにも注意。例えば
> 「兄にプリンを食べられた」は、朝鮮語では「형이 내 푸딩을 먹었다. ＝兄が（私の）
> プリンを食べた」のように能動表現で表現する方が自然である。

42.2. ～くなる [状態変化]

Ⅲ-지다が形容詞、存在詞（없다）とともに用いられると、状態の変化を表す。

🔊 活用Check！
2-34

부드럽다（柔らかい） - 부드러워지다

좋다（良い） - 좋아지다

例 1. 선생님께서는 요새 성격이 많이 부드러워지셨어요.
　 2. 내일은 오늘보다 몸이 좋아질 테니까 걱정하지 마세요.

練習 4 （　　）の形容詞をⅢ-지다に変え、日本語に訳してみよう。
例 : 비행기 덕분에 일본이 더 （가깝다 : 近い）ㅆ어요.
　　→비행기 덕분에 일본이 더 가까워졌어요.
　　　飛行機のおかげで日本がより近くなりました。

〈A〉
（1）요새는 국내로 여행 가는 사람들이 （없다 : いない）고 있어요.
（2）예전보다 비행기 값이 많이 （비싸다 : 高い）ㅆ어요.
（3）저도 물론 （예쁘다 : かわいい）고 싶지요.
（4）이 영화를 보면 （슬프다 : 悲しい）ㄹ지도 몰라요.

〈B〉
（1）설탕을 넣었더니 커피가 （달다 : 甘い） 버렸어요.
（2）예전보다 （젊다 : 若い）신 것 같아요.
（3）날씨가 （흐리다 : 曇っている）면 집에 돌아가야 해요.
（4）하나 씨의 이야기를 들었더니 저도 （먹고 싶다 : 食べたい）네요.

42.3. 後置詞

ここでは、「〜について」や「〜によって」といった意味を表す後置詞について学ぶ。

2-35 ① -에 관해(서)／-에 관한 ～〈-關-〉

「〜について」、「〜についての〜」という意味を表す。

例 앞으로 저에 관한 이야기는 하지 말아 주세요.

② -에 대해(서)／-에 대한 ～〈-對-〉

「〜について」、「〜についての〜」という意味を表す。

例 한국 음식에 대해서 관심이 있는데 어디에서 알아볼 수 있을까요?

③ -에 의해(서)／-에 의한 ～〈-依-〉

「〜によって」、「〜による〜」という意味を表す。

例 이번 사업은 새로운 계획에 의해서 시작되었습니다.

④ -로/으로 인해(서)／-로/으로 인한 ～〈-因-〉

「〜によって」、「〜による〜」という意味を表す。

例 이번에 내린 비로 인해서 많은 사람들이 집을 잃게 되었어요.

⑤ -에 따라(서)／-에 따른 ～

「〜に従って」、「〜に従う〜」という意味を表す。

例 여기에 쓰여 있는 내용에 따라 그대로 하면 됩니다.

練習 5 朝鮮語に訳してみよう。

〈A〉

（1）釜山については、知っていることがあまりないようです。[Ⅰ-는 것 같다を使って]

（2）この計画についての意見を聞いてみたいんですが、ちょっと話してもらえますか。

[Ⅱ-ㄹ래요?を使って]

（3）研究による薬の発達で、今は多くの病気を治すことができます。

（4）韓国は速い発展による副作用が多かったです。

〈B〉

（1）優美さんは、いつも計画に従ってお金を使われますよね。

（2）この問題についてもう少し話してみたらどうですか。

（3）考えは言語によって現れるものです。

（4）公演の準備のせいで（→によって）最近、忙しすぎます。申し訳ありません。

会話しよう

2-36

有紀さんはカラムさんに何かを渡したいようです。

유키 : ① 가람 씨한테 칭찬받고 싶어요. 저 이거 샀거든요.

가람 : ② 그게 뭔데요※? 궁금해지네요.

유키 : ③ 컴퓨터에 설치하는 카메라예요.

친구한테 소개받아서 샀어요.

가람 : ④ 우와! 이제 우리 멀리 있어도 이걸로 얼굴(을) 보면서

이야기할 수 있는 거예요?

유키 : ⑤ 네! 우리 한번 해 봐요.

(少し離れたところで、パソコンを見ながら)

가람 : ⑥ 아, 아. 유키 씨, 잘 보이고 잘 들려요?

※뭔데요?(<뭐인데요?<무엇인데요?)は、「何ですか?」という意味。

コラム ◆ ソウルの街

　東京では電化製品といえば秋葉原であるが、ソウルであれば、龍山(용산)の電子商店街(전자상가〈電子商街〉)がそれにあたる。ソウルには、この他にも高級ブランドショップが集まる狎鴎亭 ロデオ通り(압구정 로데오거리)や、深夜(심야)まで営業(영업)する雑多なファッションビルが軒を連ねる東大門市場(동대문시장)、小劇場(소극장)が集まる大学路(대학로)、アート(아트)やストリートファッション(스트리트 패션)の発信地となっている弘大(홍대)、韓国の伝統的(전통적)な風情(운치〈韻致〉)を残す인사동(仁寺洞)、ファッションショップや飲食店が多く集まる江南(강남)など多様な街があり、街ごとに異なる雰囲気をみせている。

書いてみよう

（1）多くの人々が負傷をして、救急車によって病院に運ばれました。

[옮기다の受身形を使って]

（2）そのこと（→それ）に対する記憶は、全て消し去りました（→私から消されました）。

[「～から」は、-에게서を使って]

（3）昨日降った雪によって、通りがとても滑りやすくなりました。

[미끄럽다を状態変化の表現とともに使って]

（4）商品がよく売れれば、社長に褒められることがあります。 [Ⅱ-ㄹ 수 있다を使って]

伝えよう

（1）여기에서 학교까지 가는 데 얼마나 걸려요?

(連体形)＿＿＿＿＿ 데 얼마나 길려요?
※動詞のⅠ-는 데：～するには、～するのに

（2）갑자기 저도 먹고 싶어졌어요.

저도 Ⅰ＿＿＿＿고 싶어졌어요.

（3）저는 오늘 제 취미에 대해 이야기해 보고 싶습니다.

저는 오늘 (体言)＿＿＿＿＿에 대해 이야기해 보고 싶습니다.

（4）날씨에 따라서 계획이 바뀔 수 있습니다.

(体言)＿＿＿＿＿에 따라서 Ⅱ＿＿＿＿ㄹ 수 있습니다.

> ## 単語バンク （慣用句３）
>
> 마음에 걸리다(気にかかる)　마음을 놓다(安心する)
> 마음을 쓰다(気を遣う)　말도 안 되다(話にならない)
> 말을 듣다(言うことを聞く)　말이 되다(理屈に合う)
> 말이 안 되다(話にならない)　말이 통하다〈-通-〉(話が通じる)
> 말할 것도 없다(言うまでもない)　무슨 소리(どういうこと)

いつか会わせてください

언젠가 만나게 해 주세요!

 単語と表現

☐	낮다	形 低い	☐	엄마	名 ママ
☐	늘다	動 増える	☐	없애다	動 なくす
☐	배달 〈配達〉	名 配達 [〜하다]	☐	자유롭다 〈自由-〉	形 自由だ ㅂ変
☐	신분증 〈身分證〉	名 身分証	☐	장소 〈場所〉	名 場所
☐	아빠	名 パパ	☐	주의 〈注意〉	名 注意 [〜하다]
☐	양 〈量〉	名 量	☐	줄다	動 減る
☐	어렸을 때	表現 幼いころ	☐	햇빛	名 日光
☐	억지로	副 無理やり	☐	화면 〈畫面〉	名 画面

※動詞、形容詞の使役形は、 43.1. を参照（これらも覚えること）。

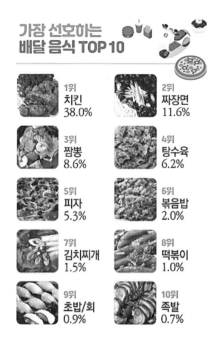

文法ノート

43.1. ～させる [使役形]

　朝鮮語の使役表現は、日本語に比べてやや複雑で、いくつかの作り方がある。ここでは主要なものを学ぶことにしよう。

1. -시키다
　「○○하다」の形をとる하다用言(動詞)は、○○시키다により使役形が作られる。

🔊 活用Check！
2-38

배달하다(配達する) ― 배달시키다

발표하다(発表する) ― 발표시키다

　なお、日常の会話では소개시키다(紹介させる)が、소개하다(紹介する)と同義で使用されることがある。

2. Ⅰ-게 하다／Ⅰ-게 만들다
　多くの動詞は、Ⅰ-게 하다／Ⅰ-게 만들다によって使役形が作られる。

먹다(食べる) ― 먹게 하다　／　먹게 만들다

만들다(作る) ― 만들게 하다　／　만들게 만들다

+α
※Ⅰ-게 만들다は、Ⅰ-게 하다に比べ、若干、強制の度合いが強い表現である。

練習 1 （　　）の用言を使役形にした後、必要に応じて適切な形に変え、日本語に訳してみよう。

例：오늘은 나가고 싶지 않아서 (배달하다) 먹으려고 해요.
　　→오늘은 나가고 싶지 않아서 배달시켜(서) 먹으려고 해요.
　　今日は出かけたくないので、配達をさせて（→頼んで）食べようと思います。

〈A〉

(1) 어렸을 때 어머니는 나를 자유롭게 (놀다).

(2) 아버지는 학교에 가고 싶어하지 않는 아이를 억지로 (가다).

(3) 조금만 더 (생각하다) 주세요.

(4) 이 생각을 조금 더 (발전하다) 좋은 연구가 될 것 같아요.

〈B〉

(1) 순서대로 (발표하다) 테니까 지금부터 준비해 주세요.

(2) 선생님은 우리에게 음식을 (만들다) 가 버리셨어요.

(3) (기다리다) 죄송해요.

(4) 좋은 사람이 있으면 (소개하다) 주세요.

3. -이-、-히-、-리-、-기-、-우-、-추-

いくつかの動詞(一部の形容詞)は、第Ⅰ語基に-이-、-히-、-리-、-기-、-우-、-추-(接尾辞)をつけることによって使役形が作られる。ただし、以下に示すように、どの動詞にどの接尾辞がつくかは、あらかじめ決まっているため、1つ1つ覚えなければならない。それぞれ左に(能動の)基本形、右に使役形を示す。

-이-		-히-		-리-	
먹다	먹이다	앉다	앉히다	살다	살리다
보다	보이다	읽다	읽히다	알다	알리다
줄다	줄이다	입다	입히다	울다	울리다
높다	높이다	더럽다	더럽히다	늘다	늘리다
-기-		-우-		-추-	
벗다	벗기다	깨다	깨우다	맞다	맞추다
씻다	씻기다	쓰다	씌우다	낮다	낮추다
웃다	웃기다	자다	재우다	늦다	늦추다
남다	남기다	타다	태우다		

※ ■は、形容詞であることを示す。

※ ▨の形にも注意。

+α

※表をみてわかるように、−우−がつく場合は、基本的に第Ⅰ語基に母音−| が付け加えられることに注意（この他に서다−세우다も覚えておこう）。

※ 43.1. で受身形の作り方を学んだ際にも同様の接尾辞を学んだが、同じ接尾辞が受身形を作ることもあれば、使役形を作ることもあるので、最終的には1つ1つ覚えなければならない。

※ Ⅰ−게 하다／Ⅰ−게 만들다（＜〜ようにする）による使役表現は、「対象者に動作をするように仕向けて、何かをさせる」という意味合いが強いのに対し、−이−、−히−、−리−、−기−、−우−、−추−による使役表現は、「話し手／書き手が対象者に直接働きかけて、何かをさせる」という意味を持つ。例えば、옷을 입게 하다／입게 만들다は「服を着るように命じて、（自分で）着させる」という意味を表すのに対して、옷을 입히다は「服を手に取って、直接着せてやる」という意味を表す。

※ 없다（ない）は 없애다（なくす）という特別な使役形を持つので注意。

練習 2 適切な形を1つ選び、日本語に訳してみよう。

例：엄마, 내일 아침에 저 일찍 （깨／깨워） 주세요!
　　→엄마, 내일 아침에 저 일찍 깨워 주세요!
　　　お母さん、明日の朝、（私）早く起こしてください！

〈A〉
(1) 햇빛이 셌기 때문에 아빠는 아들에게 모자를 （썼어요／씌웠어요）.
(2) 화면을 좀 더 （낮아야／낮춰야） 해요. 잘 안 （보거든요／보이거든요）.
(3) 음식을 그렇게 많이 （남으면／남기면） 미호 씨가 어떻게 생각하겠어요?
(4) 딸이 감기에 （걸어서／걸려서） 딸에게 감기약을 （먹었어요／먹였어요）.

〈B〉
(1) （서／세워） 있는 사람들이 다 （앉고／앉히고） 나서 이야기할까요?
(2) 시간에 （맞아서／맞춰서） 약속 장소에 나갔는데 민수 씨는 없었거든요.
(3) 신분증 좀 （봐／보여） 주세요.
(4) 세 시가 되면 저에게 （알아／알려） 주세요. 아이를 （씻어야／씻겨야） 하거든요.

43.2. その他の重要表現（２）

ここでは、 41.3. に引き続き、これまでに取り上げられなかった重要表現をいくつか紹介する。

① Ⅱ-ㄴ 결과 ［結果］

「～た結果」という意味を表す。

例 열심히 운동을 한 결과 몸이 이렇게 좋아졌어요.

② Ⅱ-ㄴ 끝에 ［結果］

「～た末に」という意味を表す。

例 생각해 본 끝에 안 가기로 했어요.

③ Ⅰ-는 이상(은)／Ⅱ-ㄴ 이상(은) ［状況判断］

「～以上（は）」という意味を表す。動詞、存在詞にはⅠ-는 이상(은)、形容詞、指定詞にはⅡ-ㄴ 이상(은)がつく（以上は、いずれも［非過去］。動詞［過去］は、Ⅱ-ㄴ 이상(은)）。

例 민지 씨가 온 이상, 민지 씨를 놓고 갈 수는 없어요.

④ Ⅰ-는데도 불구하고／Ⅱ-ㄴ데도 불구하고 ［非阻害］

「～にも関わらず」という意味を表す。動詞、存在詞にはⅠ-는데도 불구하고が、形容詞、指定詞にはⅡ-ㄴ데도 불구하고がつく。불구は〈不拘〉という漢字語である。

例 날씨가 추운데도 불구하고 이렇게 와 주셔서 감사드립니다.

この表現は、Ⅱ-ㅁ에도 불구하고という表現でも用いられる。上の例を書き換えてみよう。

例 날씨가 추움에도 불구하고 이렇게 와 주셔서 감사드립니다.

過去形の場合、Ⅲ-ㅆ는데도 불구하고という形が用いられる。

例 지난 겨울, 날씨가 추웠는데도 불구하고 이 집은 따뜻했었습니다.

また、「体言＋에도 불구하고」の場合は、「（体言）にも関わらず」という意味を表す。

例 추운 날씨에도 불구하고 이렇게 와 주셔서 감사드립니다.

※常用の表現にそ런데도 불구하고／그럼에도 불구하고（それにも関わらず）がある。

⑤ Ⅰ-는 중이다 ［進行］

「～ているところだ」という意味を表す。

例 지금은 청소하는 중이에요. 나중에 전화 드릴게요.

⑥ **Ⅰ-도록** ［目的］

「～ように」という意味を表す。前には、否定形／不可能形(～ない／～できない)や、可能表現(～できる)がよくくる。

例 감기에 걸리지 않도록 하세요.

누구나 신문을 읽을 수 있도록 여기에 놓으세요.

この表現は、**Ⅰ-도록 하다**の形でも多用される。この場合は、「～ようにする」という意味で、意思や命令を控えめに伝える表現になる。

例 늦지 않고 세 시까지 돌아오도록 하겠습니다.

놓고 내리는 물건이 없도록 주의하십시오.

練習 3 **朝鮮語に訳してみよう。**

〈A〉

（1）お金を貯め続けた結果、結局、今年の夏に海外旅行に行くことができそうです。

（2）今度からは授業に遅れないように家を（→家から）早く出てください。

（3）始めた以上、最後までしなければなりません。

（4）あの方は先生であるにも関わらず、とても若くお見えになります。

〈B〉

（1）子供を寝かせているところなんですよ。少し静かにしてください。

[**Ⅰ-거든요**を使って]

（2）色々、悩んでみた末にテレビをなくすことにしました。

（3）私たちの学校がもっと発展できるようにみんな、努力しましょう！

（4）先生のおかしな説明にも関わらず、学生たちは勉強をしっかり（→よく）しました。

会話しよう

2-40

有紀さんがパソコンで写真を見ています。

가람 : ① 뭐 하는 중이에요? 어? 사진이네요?

　　　저도 좀 보여 주세요.

유키 : ② 누구인지 맞춰 보세요.

가람 : ③ 유키 씨하고… (首をかしげて) 어려운데요. 친구예요?

유키 : ④ 여동생이에요.

　　　동생은 고민한 끝에 미국에 유학을 가기로 했어요.

가람 : ⑤ 여동생인데도 불구하고 별로 닮지 않은 것 같아요.

　　　언젠가 동생과 만나게 해 주세요!

유키 : ⑥ 네, 그래요. 미국으로 가기 전에 한국에 놀러 올 수

　　　있도록 말해 볼게요.

コラム ◆ 配達

　韓国は、配達(배달)の文化が盛んである。夜中にちょっと小腹が空いた(출출하다)時、電話1本でチキン(치킨)やピザ(피자)、ジャージャー麺(짜장면/자장면)などを届けてくれる。また、こうした配達は自宅だけでなく大学でもよく行われており、新学期(새 학기)が始まると、キャンパス(캠퍼스)には配達のチラシ(전단지)が多く配られる。

書いてみよう

（1）風邪にも関わらず、成績を上げることができるように努力しているところです。

（2）子供が汚した服を脱がして、新しい服を着せました。

（3）ご飯の量を少し減らしてください。ダイエットする以上、たくさん食べないようにしているんですよ。[I -거든요を使って]

（4）暗証番号を忘れてしまわないよう、ミンス（민수）さんに注意させてください。

 伝えよう

（1）와- 진짜 웃겨요 !

（2）시간에 맞춰서 거기로 오시면 돼요.

　　　(日付、時間)＿＿＿＿＿＿ 에 맞춰서 Ⅱ ＿＿＿＿면 돼요.

（3）열심히 하도록 하겠습니다.

　　　 Ⅰ ＿＿＿＿도록 하겠습니다.

（4）아마 오는 중일 텐데요.

　　　아마 (連体形)＿＿＿＿＿＿ 중일 텐데요.

単語バンク（慣用句４）

물을 내리다（(トイレの)水を流す）　뭐가 뭔지（何が何だか）
밤을 새우다（徹夜する）　밥맛이 없다（食欲がない）
보는 눈이 없다（見る目がない）　보통 일이 아니다〈普通－〉（並大抵ではない）
사고를 내다〈事故－〉（事故を起こす）　생각이 짧다（考えが甘い）
세상을 떠나다〈世上－〉（世を去る→死ぬ）

第44課 それから今まで僕と口を聞いていない

その後ろ지금까지 나와 이야기를 하지 않고 있다.

単語と表現

2-41

□	관계 〈關係〉	名 関係		□	자라다	動 育つ
□	기회 〈機會〉	名 機会		□	자세하다 〈仔細−〉	形 詳しい
□	모습	名 姿		□	정부 〈政府〉	名 政府
□	버릇	名 癖		□	차라리	副 むしろ、いっそのこと
□	부모님 〈父母−〉	名 両親、父母		□	최근 〈最近〉	名 最近
□	사라지다	動 消える、なくなる		□	태어나다	動 生まれる
□	어떤 ～	冠 ある～		□	포함하다 〈包含−〉	動 含む
□	～ 없이	表現 ～なく		□	표현 〈表現〉	名 表現 [～하다]
□	이상 〈以上〉	名 以上		□	행동 〈行動〉	名 行動 [～하다]
□	일부러	副 わざと		□	행복 〈幸福〉	名 幸福、幸せ [～하다]

※ 이하 〈以下〉 名 以下

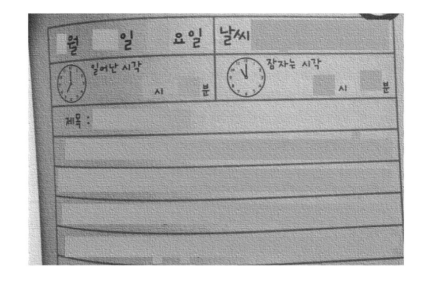

158

文法ノート

44.1. 書きことばの文体（1）［한다体（1）］

　この課では、書きことばや話しことばで目下の相手に対して用いられる文体である한다体について学ぶ。まず、한다体の平叙形、疑問形を示すと、次の表のようになる。

活用Check！
2-42

		基本形		平叙形		疑問形
動詞	母音語幹	마시다 (飲む)	Ⅱ-ㄴ다	마신다		마시냐?
	子音語幹	읽다 (読む)	Ⅰ-는다	읽는다		읽냐?
	ㄹ語幹	살다 (住む)	Ⅱ-ㄴ다	산다		사냐?
存在詞	―	있다 (ある、いる)		있다		있냐?
	―	없다 (ない、いない)		없다	Ⅰ-냐?	없냐?
形容詞	母音語幹	바쁘다 (忙しい)		바쁘다		바쁘냐?
	子音語幹	작다 (小さい)	Ⅰ-다	작다		작냐?
	ㄹ語幹	멀다 (遠い)		멀다		머냐?
指定詞	―	-이다 (～である)		-이다		-이냐?
	―	-가/이 아니다 (～ではない)		-가/이 아니다		-가/이 아니냐?

＋α

　※Ⅲ-ㅆ다（過去）、Ⅱ-셨다（尊敬＋過去）、Ⅰ-겠다（意思、判断）の한다体は、品詞に関わらずⅠ-다（平叙）、Ⅰ-냐?（疑問）により作る。

　※Ⅰ-지 않다（否定）、Ⅱ-시다（尊敬）の한다体（平叙）は、動詞は動詞型の、形容詞は形容詞型の活用をする。

　　例：가다 → 가지 않는다、가신다　　예쁘다 → 예쁘지 않다、예쁘시다

　※한다体（平叙形）を用いる時、一人称主語には나を使うことが多い（저は丁寧な文体（합니다体、해요体）とともに使われるため、한다体とはともに使わない）。

例1. 나는 술을 못 마신다.
　2. 민호 씨는 돈이 많다.

練習 1 例の要領で基本形から한다体（平叙形（非過去）、疑問形（非過去）、平叙形（過去）、疑問形（過去））を作って、日本語に訳してみよう。
例：가다 → 간다、가냐？、갔다、갔냐？
　　　　　　行く、行くか、行った、行ったか

〈A〉
（1）먹이다　　　　　　（2）나쁘다
（3）앉다　　　　　　　（4）줄다
（5）가수가 아니다　　　（6）가 보다
（7）없다　　　　　　　（8）잃다
（9）놀고 싶다　　　　　（10）걷다

〈B〉
（1）하지 못하다　　　　（2）넣다
（3）자세하다　　　　　（4）가볍다
（5）도와 주다　　　　　（6）팔리다
（7）받을 것이다　　　　（8）가 계시다
（9）할 수 있다　　　　　（10）맛없다

練習 2 해요体の文을한다体に変えて、日本語に訳してみよう。
例：저는 1995년에 서울에서 태어났어요.
　　→나는 1995년에 서울에서 태어났다.
　　　僕／私は1995年にソウルで生まれた。

〈A〉
（1）정부가 7월에 새로운 계획을 발표했어요.
（2）신촌에서 동대문까지 가는 것보다 강남역에서 사당역까지 가는 것이 더 가까워요. ［신촌(新村)、동대문(東大門)、사당(舍堂)：ソウルの地名］
（3）술만 마시면 계속 웃어 버리는 버릇을 고칠 수가 없어요.
（4）어제 집에 못 들어갔어요. 갑자기 열쇠가 사라진 거예요.

〈B〉
（1）민수 씨가 고향에 돌아간 후 미희는 매일 울어요.
（2）사랑은 말로 표현하는 것보다는 직접 행동하는 것이 더 중요해요.
（3）최근에는 기회가 있으면 부모님의 사진을 찍어요.
（4）진우 씨에게는 일부러 이런 저의 모습을 안 보이고 있어요.

44.2. 書きことばの文体（2）[한다체（2）]

続いて한다체の勧誘形、命令形についてみてみよう。

活用Check！
2-43

	基本形	勧誘形		命令形	
動詞	마시다 (飲む)	I-자	마시자	III-라	마셔라
	읽다 (読む)		읽자		읽어라
存在詞	있다 (いる)		있자		있어라

29.3. で学んだ I-지 말다の勧誘形は I-지 말자（～するのをやめよう）、命令形は I-지 마라（～するな）となる。

練習 3 丁寧な文体の文を한다체に変えて、日本語に訳してみよう。
例：오늘은 피곤하니까 집에 있을까요?
　　→오늘은 피곤하니까 집에 있자.　　今日は疲れたから家にいよう。

〈A〉
（1）내일은 제 도움 없이 한번 해 보세요.
（2）오늘은 시간이 없으니까 차라리 내일 다 끝냅시다.
（3）다음번에는 꼭 민우 씨도 여기에 오게 만드세요.
（4）그 약속에 나가지 말고 나와 같이 여기 있읍시다.

〈B〉
（1）빌려 간 책, 내일까지 꼭 돌려주세요.
（2）너무 더워요. 모자를 벗을까요?
（3）수업이 끝나면 그때부터 떠드세요. 지금은 안 돼요.
（4）조용히 하고 음악을 들읍시다.

44.3. 書きことば形

ここでは、書きことばで多用される形を学ぶ。

① Ⅱ-며

Ⅱ-며は、Ⅰ-고(〜て)やⅡ-면서(〜ながら)の書きことば形である。

例 서울은 아름다우며 큰 도시이다.

② Ⅱ-나

Ⅱ-나は、Ⅰ-지만(〜けれど)の書きことば形である。

例 부모님을 사랑하나 그것을 잘 표현하지는 못한다.

③ Ⅱ-므로

Ⅱ-므로は、Ⅱ-니까やⅢ-서(〜ので、〜から)の書きことば形である。

例 설명이 자세하므로 들어 보면 바로 알 수 있을 것이다.

④ Ⅲ-φ

書きことばでは、文中で第Ⅲ語基が語尾類を伴わず現れることがある。これは、日本語の連用中止形（行く→行き、食べる→食べ）に類似した形で、Ⅲ-서(〜て)の書きことば形である。

例 사장님을 포함해 전부 다섯 명이 회의를 하러 왔다.

練習 4 （　）の用言を書きことば形に変え、日本語に訳してみよう。

例：한국에서 친구들이 （오다、Ⅲ-φ） 최근 계속 바빴다.

　　→한국에서 친구들이 와 최근 계속 바빴다.

　　　韓国から友達が来て、最近ずっと忙しかった。

〈A〉

（1）수지 씨는 노래를 （부르다、Ⅱ-며） 요리를 한다.

（2）부산은 （따뜻하다、Ⅱ-나） 바람이 많이 분다.

（3）곧 아들이 （태어나다、Ⅱ-므로） 여러 가지 준비를 하고 있다.

（4）어떤 연예인이 최근 결혼을 （발표하다、Ⅲ-φ） 사람들을 놀라게 했다.

〈B〉

（1）떡볶이는 맵고 （달다、Ⅱ-며） 맛있다.

（2）그 사람과는 좋은 （관계이다、Ⅱ-나） 그 이상은 아니다.

（3）정부가 돈이 （없다、Ⅱ-므로） 모두 힘을 모아야 한다.

（4）그 가수는 부모님 없이 （자라다、Ⅲ-φ） 힘들게 살아 왔다.

44.4.「〜」と言う［引用文（直接引用）］

　他者から聞いた内容を第三者に伝える場合には、引用文が用いられる。引用文には直接引用と間接引用の２種があるが、このうち直接引用の表現「「〜」と言う」は、「“〜” 라고 하다」により表す（引用符が日本語とは異なるので注意すること）。

＋α

※間接引用については、第45課で学ぶ。
※体言について「〜（体言）という」という時は、パッチムなし体言には-라고 하다が、パッチムあり体言には-이라고 하다がつく。
例：'규돈(牛丼)'은 한국어로 '소고기 덮밥'이라고 해요.

例1. 선인 씨가 “비가 와요”라고 했어요.
2-45
　2. 선생님께서 “내일까지 숙제를 해서 가지고 오세요”라고 하셨어요.

練習 5 次の文を直接引用の文に変え、日本語に訳してみよう。
例：민주 : “오늘 많이 덥네요”
　　→민주 씨가 “오늘 많이 덥네요”라고 했어요.
　　ミンジュさんが「今日はとても暑いですね」と言いました。

〈A〉
（1）선생님 : “수업 시간에 떠들지 마세요”
（2）정현 : “이번 주 토요일에 콘서트를 보러 같이 갑시다”
（3）유리 : “규호 씨는 회사원이에요?”

〈B〉
（1）규나 : “14일이 제 생일이에요”
（2）지윤 : “언제까지 돈을 내야 해요?”
（3）민우 : “서두르세요!”

読んでみよう

2-46

カラムさんが日記を書いています。

① 오늘은 토요일이지만 비가 와 책을 보며 하루종일 집에 있었다.

② 유키 씨가 1시쯤 전화를 해 "영화 보러 갈까요?"라고 했다.

③ 물론 유키 씨가 보고 싶었으나, 비 오는 날 밖에 나가는 것을

　싫어하는 나는 "오늘은 안 나가는 게 낫겠어요"라고 말해 버렸다.

④ 그 후로 유키 씨는 지금까지 나와 이야기를 하지 않고 있다.

⑤ "유키 씨! 제가 잘못했어요!"

コラム ◆ SNS

　最近は、韓国でも日記帳に日記(일기)を書くという人は、以前に比べ少なくなっている。代わって、人気を博しているのは、やはりSNSへの投稿である。人気があるのは、페이스북(Facebook)、카카오스토리(Kakao Story)、인스타그램(Instagram)などである。韓国の友人ができたら、こうしたツールをもとに友情を深めるのもよいだろう。

書いてみよう（書きことば形を使って書くこと）

（1）父母は、私たちに（とって）暖かくもあり、美しい方たちだ。

（2）それについては時間が必要なため、もう少し考えてみよう。

（3）お金があり幸せであるが、それが全てではない。

（4）ジェヒ（재희）さんが困った（→つらい）人を助ける姿を見せ、皆が（→人々が全て）、幸せになった（→幸せがった／幸せそうにした）。

 伝えよう

（1）바쁘냐? / 바빴냐? / 바쁘니? / 바빴니?

Ⅰ＿＿＿＿냐? / Ⅲ＿＿＿＿씨냐? / Ⅰ＿＿＿＿니? / Ⅲ＿＿＿＿씨니?

（2）이거 사지 말고 저거 사자.

Ⅰ＿＿＿＿지 말고 Ⅰ＿＿＿＿자.

（3）저 혼자 '저렇게 하면 안 될 텐데'라고 생각했어요.

저 혼자 '(直接引用される文)＿＿＿＿'라고 생각했어요.

（4）그래서 제가 "혼자 가지 마세요"라고 말한 거예요.

그래서 제가 "(直接引用される文)＿＿＿＿"라고 말한 거예요.

単語バンク（慣用句5）

사람이 좋다（人がいい）　손에 넣다（手に入れる）　손을 잡다（手を繋ぐ）
시간 가는 줄 모르다〈時間−〉（時間があっという間に過ぎる）
신경을 쓰다〈神経−〉（気を遣う）　아무것도 아니다（大したことない）
열에 아홉（十中八九）　열이 받다〈熱−〉（むかつく）
입을 맞추다（口裏を合わせる）　입이 가볍다（口が軽い）

赤が好きって言っていたじゃないですか

빨간색 좋아한다고 하셨잖아요.

単語と表現

2-47

☐	뉴스 〈news〉	名 ニュース	☐	졸리다	動 眠い
☐	명령 〈命令〉	名 命令 [～하다]	☐	주장 〈主張〉	名 主張 [～하다]
☐	보석 〈寶石〉	名 宝石、宝	☐	추측 〈推測〉	名 推測 [～하다]
☐	상상 〈想像〉	名 想像 [～하다]	☐	평가 〈評價〉	名 評価 [～하다]
☐	소리(를)치다	表現 声を張り上げる	☐	평양 〈平壤〉	名 平壌 （地名）
☐	소문 〈所聞〉	名 噂	☐	혼내다 〈魂－〉	表現 叱る、懲らしめる
☐	자랑	名 自慢 [～하다]	☐	확신 〈確信〉	名 確信 [～하다]
☐	전하다 〈傳－〉	動 伝える	☐	후회 〈後悔〉	名 後悔 [～하다]
☐	제안 〈提案〉	名 提案 [～하다]	☐		

※혼나다 〈魂－〉 表現 叱られる、ひどい目にあう

文法ノート

45.1.　～そうだ（1）［引用文（間接引用）（1）］

44.4. では、引用文のうち直接引用の表現を学んだが、この課では間接引用の表現について学ぶ。間接引用の表現「～そうだ」は、한다体＋고 하다（～という）により表す。ただし、以下の2つの場合は、한다体の代わりに特殊な形が現れるので、注意すること。

> 1. 指定詞（-이다、-가/이 아니다）の平叙形は、-이다、-가/이 아니다ではなく、-이라、-가/이 아니라になる。
> 2. 動詞、있다の命令形は、Ⅲ-라고ではなく、Ⅱ-라고になる。
> （ㄹ語幹は、語幹末のㄹが脱落しないことにも注意）

品詞ごとに平叙形、疑問形、勧誘形、命令形を示すと、次のようになる。

活用Check！

2-48

	基本形	平叙形	疑問形	勧誘形	命令形
動詞	마시다 (飲む)	마신다고 하다	마시냐고 하다	마시자고 하다	마시라고 하다
	읽다 (読む)	읽는다고 하다	읽냐고 하다	읽자고 하다	읽으라고 하다
	살다 (住む)	산다고 하다	사냐고 하다	살자고 하다	살라고 하다
存在詞	있다 (ある、いる)	있다고 하다	있냐고 하다	있자고 하다	있으라고 하다
	없다 (ない、いない)	없다고 하다	없냐고 하다	―	―
形容詞	바쁘다 (忙しい)	바쁘다고 하다	바쁘냐고 하다	―	―
	작다 (小さい)	작다고 하다	작냐고 하다	―	―
	멀다 (遠い)	멀다고 하다	머냐고 하다	―	―
指定詞	-이다 (～である)	-이라고 하다	-이냐고 하다	―	―
	-가/이 아니다 (～ではない)	-가/이 아니라고 하다	-가/이 아니냐고 하다	―	―

引用文は、한다体＋고 하다（～という）が基本であるが、この「하다」の位置には、以下のような動詞がくることもできる。

①発言、発話に関連する動詞

平叙形 한다体 ＋ 고 자랑하다／말하다／혼내다／소리치다
　　　　　　　　　 고 이야기하다／주장하다／가르치다／전하다
疑問形 한다体 ＋ 고 묻다（물어 보다）／혼내다／소리치다
勧誘形 한다体 ＋ 고 제안하다／말하다／소리치다／이야기하다
命令形 한다体 ＋ 고 명령하다／말하다／혼내다／소리치다／이야기하다

②思考に関連する動詞

平叙形 한다体 ＋ 고 생각하다／상상하다／추측하다／확신하다／후회하다
　　　　　　　　　 고 믿다／느끼다
疑問形 한다体 ＋ 고 생각하다／상상하다
勧誘形 한다体 ＋ 고 생각하다
命令形 한다体 ＋ 고 생각하다

なお、引用文を作る際には、以下の点にも注意すること。

①引用される文の主語が１人称の場合は、「자기」（自分）に変える。
例 광호 : "나는 쉬고 싶어요"
　　→광호 씨가 자기는 쉬고 싶다고 했어요.
②「-지 마라」（禁止：するな）の引用文は、「-지 말라고 하다」になる。
例 선생님 : "수업에 늦게 오지 마라"
　　→선생님께서 수업에 늦게 오지 말라고 하셨어요.

+α
※(体言)를/을 달라고 하다、Ⅲ-φ 달라고 하다で「(体言を/～して)ほしいという」
　という意味になる。
例 : 어제 부모님께 용돈을 달라고 말씀드렸어요.
　　어제 부모님께 숙제를 좀 도와 달라고 말씀드렸어요.

練習 1 間接引用の表現を作って、日本語に訳してみよう。

例：지우 씨는／"사람들이 모두 바쁘네！"／생각하다.
　→지우 씨는 사람들이 모두 바쁘다고 생각했어요.
　　ジウさんはみんな忙しいと考えました。

〈A〉
（1）남수 씨는 저에게／"저는 저녁 7시에는 늘 책을 읽어요"／자랑하다
（2）지민 씨는／"정주 씨는 의사예요"／이야기하다
（3）승호 씨는 예원 씨에게 ／"평양이 서울에서 꽤 멀어요？"／물어 보다
（4）민석 씨는／"수업은 4시 30분에 끝나요"／가르쳐 주다
（5）성미 씨는 저에게 ／"주말에 같이 영화 보러 갈까요？"／제안하다
（6）송희 씨는 친구에게／"빨리 와！"／소리치다
（7）지윤 씨는／"날씨가 추워서 사람들이 적은 것이군요"／믿다
（8）수진 씨는 ／"밥을 너무 많이 먹었다！"／후회하다

〈B〉
（1）수영 씨는 학생들에게／"수업 시간에는 떠들지 마"／명령하다
（2）진욱 씨는／"학생들을 전부 모으기 위해서는 두 시간이 걸려요！"／ 주장하다
（3）상훈 씨는／"저 사람은 회사원이 아니군"／추측하다
（4）애린 씨는 동생에게／"아침에 일찍 일어나！"／혼내다
（5）형진 씨는／"우리 이제 슬슬 자요"／말하다
（6）범석 씨는 경아 씨에게／"교실이 춥지 않아요？"／묻다
（7）창수 씨는／"다시는 매운 음식은 안 먹어！"／결심하다
（8）혜미 씨는／"여기 사람들은 모두 친절하네"／느끼다

45.2. ～そうだ（2）［引用文（間接引用）（2）］

45.1. で朝鮮語の引用文は、한다体＋고 하다（～という）により表すことを学んだ。この해요体である「한다体＋고 해요」、해体である「한다体＋고 해」は、話しことばでは、しばしば「ㅏ고ㅎ」が脱落し、以下のような縮約形となって現れる。

活用Check！

2-49

	基本形	平叙形	疑問形	勧誘形	命令形
動詞	마시다 （飲む）	마신다고 해(요) →마신대(요)	마시냐고 해(요) →마시내(요)	마시자고 해(요) →마시재(요)	마시라고 해(요) →마시래(요)
	읽다 （読む）	읽는다고 해(요) →읽는대(요)	읽냐고 해(요) →읽내(요)	읽자고 해(요) →읽재(요)	읽으라고 해(요) →읽으래(요)
	살다 （住む）	산다고 해(요) →산대(요)	사냐고 해(요) →사내(요)	살자고 해(요) →살재(요)	살라고 해(요) →살래(요)
存在詞	있다 （ある、いる）	있다고 해(요) →있대(요)	있냐고 해(요) →있내(요)	있자고 해(요) →있재(요)	있으라고 해(요) →있으래(요)
	없다 （ない、いない）	없다고 해(요) →없대(요)	없냐고 해(요) →없내(요)	―	―
形容詞	바쁘다 （忙しい）	바쁘다고 해(요) →바쁘대(요)	바쁘냐고 해(요) →바쁘내(요)	―	―
	작다 （小さい）	작다고 해(요) →작대(요)	작냐고 해(요) →작내(요)	―	―
	멀다 （遠い）	멀다고 해(요) →멀대(요)	머냐고 해(요) →머내(요)	―	―
指定詞	-이다 （～である）	-이라고 해(요) →-이래(요)	-이냐고 해(요) →-이내(요)	―	―
	-가/이 아니다 （～ではない）	-가/이 아니라고 해(요) →-가/이 아니래(요)	-가/이 아니냐고 해(요) →-가/이 아니내(요)	―	―

例 1. 유리 씨는 매일 술을 마신다고 해요.
　→유리 씨는 매일 술을 마신대요.
　2. 미진 씨가 저한테 바쁘냐고 해요.
　→미진 씨가 저한테 바쁘내요.
　3. 우빈 씨가 지현 씨한테 같이 영화 보자고 해요.
　→우빈 씨가 지현 씨한테 같이 영화 보재요.

4. 선생님은 우리에게 매일 신문을 읽으라고 해요.
  →선생님은 우리에게 매일 신문을 읽으래요.

練習 2 例の要領で引用文の해요体（縮約形）を作ってみよう。
　　　（誰が誰に話しているか、主語は誰かに注意しよう）

例1：지혜 씨："내일은 바빠서 회의를 할 시간이 없어요"
　→（지혜 씨가）내일은 바빠서 회의를 할 시간이 없대요.
　※시간이 없어요→시간이 없다→시간이 없다고 해요 →
　　시간이 없대요

例2：철민 씨："비가 와서 이렇게 졸린 거예요"
　→（철민 씨가）비가 와서 이렇게 졸린 거래요.
　※졸린 거예요 → 졸린 것이에요 → 졸린 것이다 → 졸린 것이라고 해요 →
　　졸린 것이래요 → 졸린 거래요

〈A〉
（1）인영 씨："저는 텔레비전을 보고 있어요"
（2）승석 씨："다음부터는 혼자 놀러 나갈래요"
（3）지수 씨："홍대에서도 옷을 팔아요" ［홍대（洪益大學前）：ソウルの地名］
（4）수빈 씨："한국어를 잘하고 싶어요?"
（5）의사："자기 전에 꼭 이를 닦으세요"
（6）현지 씨："이 노래를 같이 불러 봅시다"

〈B〉
（1）승태 씨："오늘은 피곤해 보이네요"
（2）유진 씨："이제 영어 공부는 그만할 생각이에요?"
（3）은유 씨："김치찌개는 맵지만 먹어 볼 만해요"
（4）정훈 씨："서울에 가면 반드시 지하철을 타 보세요"
（5）지유 씨："이 노래를 듣고 우는 사람이 밥을 사기로 할까요?"
（6）민정 씨："민솔 씨는 아직 대학생이 아니에요?"

45.3. ～という… [引用文（間接引用）連体形]

45.1. で学んだ引用文、한다体＋고 하다(～という)の現在連体形は、Ⅰ-는により表すことができるため、한다体＋고 하는 …(体言)(～という…(体言))となる。ただし、この形は、話しことばでは、しばしば「-ㅏ고ㅎ-」が脱落し、以下のような縮約形となって現れる。

🔊 活用Check！
2-50

基本形	平叙形	疑問形	勧誘形	命令形
動詞 마시다 (飲む)	마신다고 하는 →마신다는	마시냐고 하는 →마시냐는	마시자고 하는 →마시자는	마시라고 하는 →마시라는
읽다 (読む)	읽는다고 하는 →읽는다는	읽냐고 하는 →읽냐는	읽자고 하는 →읽자는	읽으라고 하는 →읽으라는
살다 (住む)	산다고 하는 →산다는	사냐고 하는 →사냐는	살자고 하는 →살자는	살라고 하는 →살라는
存在詞 있다 (ある、いる)	있다고 하는 →있다는	있냐고 하는 →있냐는	있자고 하는 →있자는	있으라고 하는 →있으라는
없다 (ない、いない)	없다고 하는 →없다는	없냐고 하는 →없냐는	—	—
形容詞 바쁘다 (忙しい)	바쁘다고 하는 →바쁘다는	바쁘냐고 하는 →바쁘냐는	—	—
작다 (小さい)	작다고 하는 →작다는	작냐고 하는 →작냐는	—	—
멀다 (遠い)	멀다고 하는 →멀다는	머냐고 하는 →머냐는	—	—
指定詞 -이다 (～である)	-이라고 하는 →-이라는	-이냐고 하는 →-이냐는	—	—
-가/이 아니다 (～ではない)	-가/이 아니라고 하는 →-가/이 아니라는	-가/이 아니냐고 하는 →-가/이 아니냐는	—	—

+α

※引用文 한다体＋고 하다 (～という) の後には現在連体形のみならず、様々な語尾がつきうる。よく使われるのは、Ⅱ-면 (～ば、たら) である。縮約形とともにみてみよう。

例：마신다고 하면→마신다면 (飲むというのであれば)
　　읽으라고 하면→읽으라면 (読めというのであれば)
　　왜냐고 하면→왜냐면 (なぜかというのであれば→なぜなら)

例1. 정부가 내년부터 새로운 공항을 <mark>만든다고 하는</mark> 뉴스를 들었어요.
 →정부가 내년부터 새로운 공항을 <mark>만든다는</mark> 뉴스를 들었어요.
 2. 사람들이 저에게 왜 쉬지 <mark>않냐고 하는</mark> 이야기를 해요.
 →사람들이 저에게 왜 쉬지 <mark>않냐는</mark> 이야기를 해요.
 3. 언젠가 같이 밥을 <mark>먹자고 하는</mark> 말은 별로 믿을 수 없어요.
 →언젠가 같이 밥을 <mark>먹자는</mark> 말은 별로 믿을 수 없어요.
 4. 문제가 있으면 언제든지 <mark>연락하라고 하는</mark> 선생님의 편지를 읽고 울어
   버렸어요.
 →문제가 있으면 언제든지 <mark>연락하라는</mark> 선생님의 편지를 읽고 울어 버렸어요.

練習 3 引用文連体形に注意して日本語に訳してみよう。

〈A〉
（1） 이제 술을 마시지 않겠다는 결심을 해 보았습니다.
（2） 점심을 먹고 나서 다시 회의를 시작하자는 의견이 있어서 그렇게 하려고
   합니다.
（3） 쓰레기는 쓰레기통에 버리라는 부탁이 그렇게 지키기 어려워요?
（4） 지금도 민주 씨를 만나냐는 질문에 대답하지 못했습니다.
（5） 거리에 담배를 피우는 곳을 없애자는 제안을 무시할 수 없습니다.
（6） 잘생긴 사람이 더 재미있다는 주장도 있더라고요.

〈B〉
（1） 서울이 10년 전에 비해 별로 발전되지 않았다는 평가도 있더라고요.
（2） 아이가 우는 것은 엄마를 보고 싶어하기 때문이라는 말을 듣기는 했습니다.
（3） 결혼할 때에도 서로 연락하지 말자는 재미있는 내용이 써 있었습니다.
（4） 단어를 외우기 어려울 때에는 어떻게 하냐는 질문에 대답을 할 수 없었습니다.
（5） 언젠가는 바다에 놀러 갈 수 있다는 상상을 해 보면 너무 즐거워져요.
（6） 피곤할 때에는 운전하지 말라는 말을 전해 두었으니까 괜찮을 것 같아요.

발 없는 말이 천리 간**다는 말**도 있잖아!

会話しよう

いよいよ明日は有紀さんが日本に帰る日です。カラムさんと有紀さんがキャンパスを歩いています。

유키 : ① 제가 빨간색을 좋아한다고 말한 거 기억하고 있어요?

가람 : ② 그럼요. 유키 씨가 빨간색 좋아한다고 하셨잖아요.

유키 : ③ (赤いマフラーを渡しながら) 자, 목도리예요.

　　　　이 목도리(를) 할 때마다 저를 생각하라는 의미로!

가람 : ④ 어! 저도 선물 준비했어요. 서로 잊지 말자는 의미로!

유키 : ⑤ 저 지금 그 선물이 뭐냐고 물어봐야 하는 거죠?

가람 : ⑥ 보여 드릴게요. 짜잔! 목걸이예요! 얼른 해 봐요!

コラム ◆ カラム、有紀、それぞれの旅立ち

　有紀の留学生活のストーリー(스토리)もとりあえずの結末(결말)を迎えた。しばらくの間、カラムと有紀は離れ離れになってしまうが、これからも愛を育んでいくことだろう。さて、『ハングル ハングルⅠ/Ⅱ－한글 한 그루Ⅰ/Ⅱ』を通じて読者諸氏は、朝鮮語の基礎知識を獲得したばかりか、上級へ向かうための十分な応用力も養成できたと信じる。本書の学習を終える前に、これまで学んだ語彙(어휘)、表現(표현)、文法(문법) を是非、しっかりと復習(복습)しておいてほしい。そして更なる高みを目指して、朝鮮語の学習を続けていっていただきたい。
※ところで、この後「応用会話8」では、後日談が続く。乞うご期待!

書いてみよう

（1）ウビン（우빈）さんに私は明日、新村（신촌）で約束があると伝えてください。

（2）ミニョン（민영）さんにもう会うなという言葉は、私には死ねというのも同然（→死ねという言葉）です。

（3）学生達には毎日勉強しろと命令する人が、自分はそんなに勉強をしなくてもいいのかですって。[引用文の해요体（縮約形）を使って]

（4）彼氏に結婚しようと言われて（→という言葉を聞いて）、すぐにいいと言いましたよ。

[Ⅰ-지요を使って]

伝えよう

（1）선생님께서 떠들지 말라고 하셨어요.

　　　(体言)＿＿＿＿＿＿께서 Ⅰ＿＿＿＿＿지 말라고 하셨어요.

（2）우빈 씨가 오늘 같이 영화 보재요.

　　　(名前)＿＿＿＿＿＿ 씨가 오늘 같이 Ⅰ＿＿＿＿＿재요.

（3）밥을 너무 많이 먹었다고 후회했어요.

　　　(間接引用される文)＿＿＿＿＿＿＿고 후회했어요.

（4）철민 씨가 가수라는 이야기를 듣고 깜짝 놀랐어요.

　　　(間接引用される文(指定詞))＿＿＿＿＿＿＿＿는 이야기를 듣고 깜짝 놀랐어요.

単語バンク（慣用句６）

정신을 차리다〈精神－〉(しっかりする)　정신이 없다〈精神－〉(余裕がない)

참는 데도 한계가 있다〈－限界－〉(我慢にも限界がある)

큰소리를 치다(大口を叩く)　큰일이 나다(大変なことになる)

피부로 느끼다〈皮膚－〉(肌で感じる)　하나같이 (何もかも)

하면 된다(やればできる)　해가 지다(日が沈む)　힘을 쓰다(力を入れる)

応用会話 8

2-52

第42課から第45課で学んだ内容を復習しながら、少し長めの会話に挑戦してみよう。

――有紀さんが帰国してから3か月。カラムさんは有紀さんに会いに日本に行きます。

①**가람**：저 정말 재워 주신대요?

②**유키**：네. 오히려 호텔이 아닌데도 불구하고 괜찮겠냐고 아빠가

　　　　물어 보셨어요.

③**가람**：당연히 괜찮지요. 유키 씨를 다시 만날 수 있는

　　　　것만으로도 저는 너무 좋아요. 그런데 떨리네요.

　　　　유키 씨의 어머니와 아버지를 만난다고 생각을 하니….

④**유키**：아마 한국에 대해 이것저것 물어 보실 거예요.

　　　　부모님은 한국에 관심은 많으나 한국을 잘 모르시거든요.

⑤**가람**：대답을 잘해서 부모님께서 저를 마음에 들어하시도록

　　　　하고 싶네요.

⑥**유키**：저도 같이 긴장되네요. 가람 씨도 일본에 놀러 오기로 한

　　　　이상, 준비 잘해서 오도록 하세요!

  単語と表現

2-53

□ **당연히** 〈當然-〉	副当然、もちろん	□ **오히려**	副むしろ
□ **떨리다**	動震える	□ **호텔** 〈hotel〉	名ホテル

深化学習4　各ペアの文の意味の違いを考えてみよう。

A (1) 이 설명에 따라 그대로 해 보세요.

(2) 이 길을 따라 그대로 가세요.

(3) 친구 따라 여기까지 왔어요.

B (1) 딸에게 감기약을 먹게 했어요.

(2) 딸에게 감기약을 먹였어요.

C (1) 지은이는 좀 더 놀게 해.

(2) 지은이는 좀 더 놀게 했어.

D (1) 어머니께서 오시는 이상, 이렇게 그냥 있을 수는 없어.

(2) 어머니께서 오신 이상, 이렇게 그냥 있을 수는 없어.

E (1) 우리 음악 들을까?

(2) 우리 음악 듣는 건 어때?

(3) 우리 음악 듣자.

F (1) 오늘까지 끝내.　　(2) 오늘까지 끝내라.

(3) 오늘까지 끝낼래?　　(4) 오늘까지 끝내래.

(5) 오늘까지 끝내 줄래?　　(6) 오늘까지 끝내 줄 수 있을까?

G (1) 나는 학생이라서 입장료가 쌌다.

(2) 나는 학생이니까 입장료가 쌌다.

(3) 나는 학생이므로 입장료가 쌌다.

H (1) 가람이는 돈이 많으면서 밥을 사지 않는다.

(2) 가람이는 돈이 많으며 밥을 사지 않는다.

I (1) 가람이가 집에 돌아오는 소리를 들었다.

(2) 가람이가 집에 돌아온다는 소리를 들었다.

付　録

基礎データ

◆**大韓民国（Republic of Korea）基礎データ**

外務省ホームページをもとに作成（2019年5月2日閲覧）。

参考URL：https://www.mofa.go.jp/mofaj/area/korea/data.html

一般事情

1．面積：約10万平方キロメートル（朝鮮半島全体の45%、日本の約4分の1）
2．人口：約5,127万人（出典：2016年、韓国統計庁）
3．首都：ソウル
4．民族：韓民族
5．言語：韓国語
6．宗教：宗教人口比率53.1%
　　（うち仏教：42.9%、プロテスタント：34.5%、カトリック：20.6%、その他：2.0%）
　　社会・文化に儒教の影響を色濃く受ける。
7．略史：
　　・3世紀終わり頃に氏族国家成立
　　・三国時代（高句麗、百済、新羅）（4世紀頃〜668年）
　　・統一新羅（676年〜935年）
　　・高麗（918年〜1392年）
　　・朝鮮（1392年〜1910年）
　　・日本による統治（1910年〜1945年）を経て、第二次大戦後、北緯38度以南は米軍支
　　　配下に置かれる。
　　・1948年大韓民国成立。同年、朝鮮半島北部に北朝鮮（朝鮮民主主義人民共和国）が成
　　　立。

政治体制・内政

1．政体：民主共和国
2．元首：文在寅（ムン・ジェイン）大統領
3．議会：一院制　300議席
4．内政：2017年5月9日の大統領選挙により、文在寅新政権が誕生した。
5．議席数（2018年2月現在）：
　　共に民主党（与党）121　自由韓国党116　正しい未来党30

| 民主平和党14 | 正義党6 | 民衆党1 |
| 無所属4 | 大韓愛国党1 | 空席7 |

□経済

1．主要産業：電気・電子機器、自動車、鉄鋼、石油化学、造船
2．名目GDP：1兆4,112億ドル（2016年）
3．総貿易額：
   ［輸出］5,737億ドル（2017年）
   ［輸入］4,784億ドル（2017年）
4．主要貿易品目：
   ［輸出］集積回路等、乗用車、石油製品、客船・貨物船等、電話用機器・部品
   ［輸入］原油、集積回路等、石油ガス等、電話用機器・部品、石油製品
5．主要貿易相手国・地域：
   ［輸出］中国、米国、ベトナム、香港、日本
   ［輸入］中国、日本、米国、ドイツ、サウジアラビア
6．通貨：ウォン
7．為替レート：　※（2017年）12月末
   1ドル＝1,071.40ウォン
   100円＝949.11ウォン

◆朝鮮民主主義人民共和国（North Korea）基礎データ

外務省ホームページをもとに作成（2019年5月2日閲覧）。
参考URL：https://www.mofa.go.jp/mofaj/area/n_korea/data.html#section1

□一般事情

1．面積：12万余平方キロメートル（朝鮮半島全体の55％）（日本の33％に相当）
2．人口：約2,515.5万人（2015年、国連経済社会局人口部）
3．首都：平壌（ピョンヤン）
4．民族：朝鮮民族
5．言語：朝鮮語
6．宗教：仏教徒連盟、キリスト教徒連盟等の団体があるとされるが、信者数等は不明。
7．略史：
   ・日本による統治（1910〜1945）を経て、第2次大戦後、北緯38度以北をソ連が占領。
   ・1948年北朝鮮「政府」樹立。同時期に朝鮮半島の南半分では大韓民国が成立。

政治体制・内政

1．主要機関：

(1) 国防委員会（国家主権の最高国防指導機関）

(2) 最高人民会議（最高主権機関・立法権を行使・一院制・議席数687・任期5年）

(3) 内閣（最高主権の行政的執行機関・全般的国家管理機関）

(4) 朝鮮人民軍

2．政党：朝鮮労働党（北朝鮮のすべての組織活動を指導。党員約300万名）
　　第一書記：金正恩（金正日は「永遠の総書記」）

3．基本政策：

(1) 北朝鮮の政治は、主体思想（チュチェ思想：北朝鮮憲法では「人間中心の世界観であり
　　人民大衆の自主性を実現するための革命思想」（第3条）と規定）及び先軍思想を基礎と
　　し、朝鮮労働党の指導の下にすべての活動を行う（第11条）とされている。

(2) 北朝鮮は、第二次世界大戦・朝鮮戦争後、ソ連の例にならって計画経済体制を導入。配
　　給制度に基づき、指導者が生産手段を含め経済全体を管理。中ソ両国の援助を得つつ、
　　経済発展。

経済

1．主要貿易相手国（2013年）（KOTRA、韓国統一部推計）：
　　中国（65.5億ドル）、韓国（11.4億ドル）ロシア（1億ドル）

2．通貨：ウォン

3．為替レート：1米ドル＝99.8ウォン（2014年）（公式レート、韓国銀行推計）

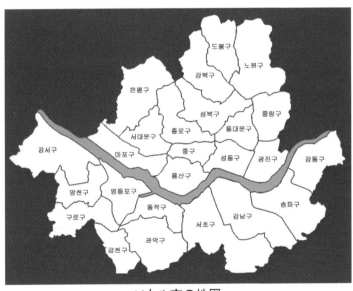

ソウル市の地図

朝日索引

ㄷ

ㅈ

日 朝 索 引

語基と語尾類の結合規則

　『ハングル ハングル I／II－한글 한 그루 I／II』で学んだ主な語尾類は、以下のとおりである（ xx.x. は、初出の課）。

■ 第 I 語基につく語尾類

▶ **I**-지 않다（〜ない［後置否定形］ 12.3. ）

▶ **I**-습니다（子音語幹：〜です、〜ます［합니다体］ 11.2. ）

▶ **I**-고（〜て［順接］ 13.4. ）

▶ **I**-고 싶다（〜たい［希望、願望］ 18.2. ）

▶ **I**-고 있다／**I**-고 계시다（〜ている／〜ていらっしゃる［進行］ 18.3. ）

▶ **I**-고 있다／**I**-고 계시다（〜ている／〜ていらっしゃる［状態継続］ 19.1. ）

▶ 아직 **I**-지 않았다（まだ〜ていない［未完了］ 21.3. ）

▶ **I**-거든요（〜んですよ［根拠］ 25.2. ）

▶ **I**-지 마십시오／**I**-지 마세요（〜ないでください［丁寧な禁止］ 29.3. ）

▶ **I**-네요（〜ねぇ［発見的詠嘆］ 30.1. ）

▶ **I**-지만（〜けれど、〜が［逆接］ 30.4. ）

▶ **I**-겠다（〜つもりだ、〜そうだ［意思、判断］ 31.2. ）

▶ **I**-지요(죠)？（〜でしょう［確認、同意］ 31.3. ）

▶ **I**-지 못하다（〜ことができない［後置不可能形］ 31.4. ）

▶ **I**-는 대로（〜するとおり(に)［模倣］ 34.2. ）

▶ **I**-다(가)（〜ていて［途中、移行］ 35.1. ）

▶ **I**-다(가) 말았다（〜ていたが、やめた［中止］ 35.1. ）

▶ **I**-고 나서（〜てから［先行動作］ 35.2. ）

▶ **I**-더라고요（〜たよ［目撃、報告］ 35.3. ）

▶ **I**-더니（〜たら［結果］ 36.1. ）

▶ **I**-게（〜く、〜に［形容詞の副詞化］ 36.3. ）

▶ **I**-잖다（〜じゃないか［確認、反問］ 37.3. ）

▶ **I**-기（〜こと［名詞形］ 38.1. ）

▶ **I**-기로 하다（〜ことにする［決定］ 38.2. ）

▶ **I**-기는 하다（〜ことは〜する、〜ことは〜だ［部分肯定］ 38.2. ）

▶ **I**-기 시작하다（〜し始める［開始］ 38.2. ）

▶ **I**-기(를) 바라다（〜ことを願う［願望］ 38.2. ）

▶ **I**-기 쉽다／**I**-기 어렵다／**I**-기 좋다（〜しやすい／〜しにくい／〜するのによい 38.2. ）

▶ **I**-기 전에（〜する前に［先行動作］ 38.2. ）

▶ Ⅰ-기 위해서(～ために［目的］ 38.2.)
▶ Ⅰ-기 때문에(～ため［理由］ 38.2.)
▶ Ⅰ-나 보다(～ようだ［推測］ 39.1.)
▶ Ⅰ-거나(～たり［列挙］ 39.4.)
▶ Ⅰ-게 되다(～になる［変化、成り行き］ 40.3.)
▶ Ⅰ-게 마련이다(～ものだ［当為性、真理］ 41.1.)
▶ Ⅰ-게 하다、Ⅰ-게 만들다(～させる［使役形］ 43.1.)
▶ Ⅰ-는 중이다(～ているところだ［進行］ 43.2.)
▶ Ⅰ-도록(～ように［目的］ 43.3.)
▶ Ⅰ-냐?(～か［한다体：疑問］ 44.1.)
▶ Ⅰ-자(～よう［한다体：勧誘］ 44.2.)
▶ Ⅰ-냐고 하다(～かという［引用文：疑問］ 45.1.)
　　※引用文の해요体の縮約形(45.2.)、引用文連体形(45.3.)
▶ Ⅰ-자고 하다(～ようという［引用文：勧誘］ 45.1.)
　　※引用文の해요体の縮約形(45.2.)、引用文連体形(45.3.)

■ 第Ⅱ語基につく語尾類
▶ Ⅱ-ㅂ니다(母音語幹：～です、～ます［합니다体］ 11.2.)
▶ Ⅱ-시다(～でいらっしゃる、～なさる［尊敬形］ 13.3.)
　　※해요体はⅡ-세요(～でいらっしゃいます、～なさいます 17.2.)
▶ Ⅱ-면 되다(～ばよい 14.3.)
▶ Ⅱ-면 안 되다(～てはならない 14.3.)
▶ 尊敬形のⅡ-ㅂ시오(～てください［丁寧な命令］ 14.4.)
▶ Ⅱ-면서(～ながら［並行動作、逆接］ 18.4.)
▶ Ⅱ-ㄹ까요?(～ましょうか［意向］ 19.3.)
▶ Ⅱ-ㅂ시다(～ましょう［勧誘］ 23.3.)
▶ Ⅱ-니까(～ので、～から［理由］ 24.2.)
▶ Ⅱ-러(～しに［目的］ 25.3.)
▶ Ⅱ-ㄹ …(～する(であろう)…［未実現連体形］ 27.2)
▶ Ⅱ-ㄹ 수 있다／Ⅱ-ㄹ 수 없다(～ことができる／～ことができない［可能／不可能］ 27.3.)
▶ Ⅱ-ㄴ 적이 있다／Ⅱ-ㄴ 적이 없다(～たことがある／～たことがない［経験］ 28.2.)
▶ Ⅱ-ㄹ 것 같다(～しそうだ［様態］ 28.4.)
▶ Ⅱ-ㄹ게요(～ますね、～ますよ［約束］ 30.2.)
▶ Ⅱ-면(～ば、～たら［仮定、条件］ 33.1.)
▶ Ⅱ-ㄹ래요(～ますよ［意思］ 33.3.)
▶ Ⅱ-ㄴ 대로(～たとおり(に)［模倣］ 34.2.)
▶ Ⅱ-ㄹ 것이다(～つもりだ、～だろう(と思う)［意思、推測］ 34.4.)

▶ Ⅱ-ㄴ 덕분에(〜たおかげで［恩恵］ 36.4.)
▶ Ⅱ-ㄴ 탓에(〜たせいで［責任］ 36.4.)
▶ Ⅱ-ㄹ 테니까(〜(つもりだ、だろう)から［理由］ 37.2.)
▶ Ⅱ-ㅁ(〜こと［名詞形］ 38.1.)
▶ Ⅱ-ㄹ 텐데(〜でしょうに［推測］ 40.2.)
▶ Ⅱ-려고 하다(〜ようと思う［意図］ 40.4.)
▶ Ⅱ-ㄹ 수밖에 없다(〜しかない［唯一方法］ 41.3.)
▶ Ⅱ-ㄹ 리가 없다(〜はずがない［確信］ 41.3.)
▶ Ⅱ-ㄹ 겸(〜ついでに［同時目的］ 41.3.)
▶ Ⅱ-ㄹ 만하다(〜に値する［行為への価値認定］ 41.3.)
▶ Ⅱ-ㄹ 뿐만 아니라(〜ばかりか、〜だけでなく［添加］ 41.3.)
▶ Ⅱ-ㄹ지도 모르다(〜かもしれない［推測、不確実性］ 41.3.)
▶ Ⅱ-ㄴ 결과(〜た結果［結果］ 43.2.)
▶ Ⅱ-ㄴ 끝에(〜た末に［結果］ 43.2.)
▶ Ⅱ-ㄴ 이상(은)(〜た以上(は)［状況判断］ 43.2.)
▶ Ⅱ-ㅁ에도 불구하고(〜にも関わらず 43.2.)
▶ Ⅱ-며(〜て、〜ながら［書きことば形］ 44.3.)
▶ Ⅱ-나(〜けれど［書きことば形］ 44.3.)
▶ Ⅱ-므로(〜ので、〜から［書きことば形］ 44.3.)
▶ Ⅱ-라고 하다(〜しろという［引用文：命令］ 44.1.)
  ※引用文の해요体の縮約形(45.2.)、引用文連体形(45.3.)

■ 第Ⅲ語基につく語尾類
▶ Ⅲ-요(〜です、ます［해요体］ 15.2. 16.2. (17.1. 17.2.))
▶ Ⅲ-φ있다／Ⅲ-φ계시다(〜ている／〜ていらっしゃる［結果状態］ 19.2.)
▶ Ⅲ-ㅆ다(〜た［過去形］ 20.1. 20.2. 20.3. 21.1.)
▶ 아직 안 Ⅲ-ㅆ다(まだ〜ていない［未完了］ 21.3.)
▶ Ⅲ-φ보다(〜てみる［試行］ 22.1.)
▶ Ⅲ-도 되다(〜てもいい［許可］ 22.2.)
▶ Ⅲ-야 되다(하다)(〜なければならない［義務、当為］ 22.3.)
▶ Ⅲ-φ주십시오／Ⅲ-φ주세요(〜てください［依頼］ 23.2.)
▶ Ⅲ-서(〜ので、〜から［理由］ 24.2.
▶ Ⅲ-φ보이다(〜ように見える［視覚的判断］ 33.2.)
▶ Ⅲ-ㅆ더니(〜たら［結果］ 36.2.)
▶ Ⅲ-하다(〜む、〜がる［形容詞の動詞化］ 36.3.)
▶ Ⅲ-φ(〜するよ［해体(パンマル)］ 37.1.)
▶ Ⅲ-φ드리다(〜て差し上げる［謙譲］ 39.3.)
▶ Ⅲ-ㅆ었다(〜た、〜ていた［大過去形］ 40.1.)

▶ Ⅲ-φ버리다(〜てしまう［完了、後悔］ 41.2.）
▶ Ⅲ-φ놓다／Ⅲ-φ두다(〜ておく［準備、用意］ 41.2.）
▶ Ⅲ-φ오다／Ⅲ-φ가다(〜ていく／〜てくる［移動、回帰、継続］ 41.2.）
▶ Ⅲ-ㅆ을 뿐만 아니라(〜たばかりか、〜ただけでなく［添加］ 41.3.）
▶ Ⅲ-지다(〜られる［受身形］ 42.1.）※動詞
▶ Ⅲ-지다(〜くなる［状態変化］ 42.1.）※形容詞
▶ Ⅲ-라(〜しろ［한다体：命令］ 44.2.）
▶ Ⅲ-φ(〜て［書きことば形］ 44.3.）

■ 品詞によって区別する語尾類

［現在連体形型］
▶ Ⅰ-는 …／Ⅱ-ㄴ …(〜する…［現在連体形］ 27.1.）
▶ Ⅰ-는 것 같다／Ⅱ-ㄴ 것 같다(〜ようだ［様態］ 28.4.）
▶ Ⅰ-는데／Ⅱ-ㄴ데(〜んですが、…［前置き］ 31.1.）
▶ Ⅰ-는지／Ⅱ-ㄴ지(〜(の)か［名詞節］ 34.1.）
▶ Ⅰ-는 것이다／Ⅱ-ㄴ 것이다(〜のだ［断定］ 34.3.）
▶ Ⅰ-는 줄 알았다／Ⅱ-ㄴ 줄 알았다((てっきり)〜ものと思っていた［思い込み、錯覚］ 35.4.）
▶ Ⅰ-는 줄 몰랐다／Ⅱ-ㄴ 줄 몰랐다(〜とは思わなかった［思い込み、錯覚］ 35.4.）
▶ Ⅰ-는가 보다／Ⅱ-ㄴ가 보다(〜ようだ［推測］ 39.1.）
▶ Ⅰ-는 법이다／Ⅱ-ㄴ 법이다(〜ものだ［当為性、真理］ 41.1.）
▶ Ⅰ-는 이상(은)／Ⅱ-ㄴ 이상(은)(〜以上(は)［状況判断］ 43.2.）
▶ Ⅰ-는데도 불구하고／Ⅱ-ㄴ데도 불구하고(〜にも関わらず［非阻害］ 43.2.）

［過去連体形型］
▶ Ⅱ-ㄴ…／Ⅲ-ㅆ던…(〜した…［過去連体形(動詞)］ 28.1.）
▶ Ⅱ-ㄴ 것 같다／Ⅲ-ㅆ던 것 같다(〜たようだ［様態］ 28.4.）
▶ Ⅱ-ㄴ 것이다／Ⅲ-ㅆ던 것이다(〜たのだ［断定］ 34.3.）

［その他］
▶ Ⅰ-는군요／Ⅰ-군요(〜ねぇ［確認的詠嘆］ 30.1.）

- -

▶ Ⅱ-ㄴ다／Ⅰ-는다／Ⅰ-다(〜する［한다体：平叙］ 44.1.）
▶ Ⅱ-ㄴ다／Ⅰ-는다／Ⅰ-다고 하다(〜そうだ［引用文：平叙］ 45.1.）
　※引用文の해요体の縮約形(45.2.)、引用文連体形(45.3.)

さらに覚えておきたい表現

本書では扱えなかったが、覚えておきたい表現を紹介する。

■ 第Ⅰ語基につく語尾類

2-54
▶ Ⅰ-고 말다（～てしまう［結果］）
지은이는 그 이야기를 듣고 얼굴이 어둡게 변하고 말았어요.

▶ Ⅰ-고자 하다（～ようと思う［意図］）
오늘 소개하고자 하는 물건은 바로 이것입니다.

▶ Ⅰ-기 십상이다（～やすい、～がちだ［(悪い)傾向］）
그런 옷을 입고 있으면 무시당하기 십상이에요.

▶ Ⅰ-기 일쑤이다（よく～する、～するのが常だ［(悪い)傾向］）
선생님은 일이 많아 매일 야근하기 일쑤였다.

▶ Ⅰ-기는커녕（～はおろか［(基本的事項の)例示］）
이번 시험에 백 점을 받도록 노력하기는커녕 놀고만 있어요.

▶ Ⅰ-기에 망정이지（～たからよかったものの［安堵］）
내가 왔기에 망정이지 안 왔으면 어떻게 하려고 했어?

▶ Ⅰ-길래（～ので、～から［理由］）〈話しことば〉
난 또 니가 놀고 있길래 나도 놀아도 되는 줄 알았지.

▶ Ⅰ-느라고（～する/したために、～する/したので［理由］）
서점에 들렀다 오느라고 좀 늦었어요.

▶ Ⅰ-는 길에（～する途中に、～するついでに［途中］）
여보, 집에 오는 길에 우유 좀 사 가지고 오세요.

▶ Ⅰ-는 바람에／Ⅱ-ㄴ 바람에（～せいで、～ために［理由］）
눈이 많이 내린 바람에 길이 미끄러워져서 넘어지고 말았다.

▶ Ⅰ-다니（～だなんて［驚き、詠嘆］）　※指定詞＋-라니
수업 중에 전화를 하다니 있을 수 없는 일이다.

▶ Ⅰ-다 못해（～しかねて、～すぎて［高い程度］）
어제 야구를 너무 열심히 했더니 어깨가 아프다 못해 죽을 것 같아.

▶ Ⅰ-다 보니(까)（～てみると、～ていたら［発見］）
공부하다 보니까 모르는 것이 너무 많아서 물어보려고 전화했어요.

▶ Ⅰ-던（～ていた…［過去継続(回想)連体形］）
민주는 저하고 자주 만나던 친구였어요.

▶ Ⅰ-던데（～たけれど、～だったけれど［過去回想の前置き］）
혜주 씨, 아까 화장실 갔을 때 전화 오던데 확인했어요?

▶ Ⅰ-든 Ⅰ-든(〜ようが、〜ようが [譲歩])
개가 이걸 쓰든 버리든 난 신경 쓰지 않을 거야.
▶ Ⅰ-자니(까)(〜ようとすると [意図＋契機])＜Ⅰ-자고 하니까
막상(いざ) 김치찌개를 만들자니까 김치가 없더라고요.

■ 第Ⅱ語基につく語尾類

▶ Ⅱ-ㄴ들(〜たところで、〜たとしても [譲歩])
이제 와서 사과를 한들 나희 씨가 용서해 줄 것 같지 않다.
▶ Ⅱ-ㄴ 지(〜てから、〜て以来 [経過])
일본에 유학을 온 지도 10년이 지났어요.
▶ Ⅱ-ㄴ 나머지(〜たあまり [程度の高い理由])
너무 바빴던 나머지 연락도 못했네요. 죄송해요.
▶ Ⅱ-ㄴ 채(로)(〜たまま [状態の維持])
아니, 그 옷을 입은 채로 회사에 갔어?
▶ Ⅱ-ㄹ 걸 그랬다(〜たらよかった [後悔])
어제 시험 공부 좀 열심히 해 둘 걸 그랬어.
▶ Ⅱ-ㄹ까 말까(〜ようか、どうしようか [ためらい])
글쎄, 승환이 생일 파티는 갈까 말까 고민 중이야.
▶ Ⅱ-ㄹ망정((たとえ)〜にしても [譲歩])
언니를 도와 주지는 못할망정 방해를 하다니, 네가 잘못한 거다.
▶ Ⅱ-ㄹ 바에야/바에는(〜からには、〜くらいなら [比較])
이 시간에 갈 바에야 자고 내일 가는 게 낫지.
▶ Ⅱ-ㄹ 뻔했다((あやうく)〜するところだった [回避])
교과서를 잊고 학교에 그냥 갈 뻔했어.
▶ Ⅱ-ㄹ지언정((仮に)〜たとしても [仮定])
지현 씨는 돈은 많이 있을지언정 행복하지는 않은 것이다.
▶ Ⅱ-ㄹ 지경이다(〜そうなほどだ [程度])
수진 씨 어머니가 너무 잘해 주셔서 이제는 불편할 지경이다.
▶ Ⅱ-락 말락 하다 (〜するかどうかだ [境界])
민석 씨는 들릴락 말락 한 소리로 나에게 비밀을 말해 주었다.
▶ Ⅱ-려던 참이다(〜ようとしていたところだ [行為の近接])＜Ⅱ-려고 하던 참이다
이제 막 저녁을 먹으려던 참이었었어요.
▶ Ⅱ-려면(〜ようとすると [意図＋仮定、条件])＜Ⅱ-려고 하면
그 짐, 내일 도착하게 하려면 오늘 보내야 해요.

■ 第Ⅲ語基につく語尾類

▶ Ⅲ-달라고 하다(〜しろという、〜てほしいという [引用文])→ 45.1.
승환 씨에게 내일까지 서류 내 달라고 했는데 할 수 있을지 모르겠네요.

▶ Ⅲ-ㅆ더라면(〜たならば［仮定、条件］)

그때 민주 씨를 만나지 않았더라면 나는 어떻게 됐을까?

▶ Ⅲ-φ 봤자(〜たところで［譲歩、諦念］)

오늘 밤을 새워 봤자 내일까지 끝내지 못할 일이다.

▶ Ⅲ-다가(〜て［先行動作］)

※後続の動作が先行動作が行われる場所から「移動して起こる」ことを示す。

바다에서 고기를 잡아다가 요리를 해 먹는 건 어때요?

▶ Ⅲ-φ 대다(しきりに〜する［反復］)

그렇게 웃어 대니까 종우 씨가 기분 나빠했겠지.

▶ Ⅲ-서야(〜てはじめて、やっと［到達］)

아빠가 돼서야 아버지의 사랑을 깨달았다.

▶ Ⅲ-φ죽겠다(〜てたまらない［詠嘆］)

어제 밤을 새워 시험 공부를 했더니 졸려 죽겠어.

◀))) ■ 連体形につく語尾類

2-57

▶ 連体形-가 하면(〜かと思えば［対比］)

한국은 과일값이 비싼가 하면 교통비는 또 굉장히 싸다.

▶ 連体形 김에(〜ついでに［付随］)

이왕 오신 김에 이것 좀 해 주세요.

▶ 連体形 데다가(〜うえ(さらに)［添加］)

도쿄의 여름은 더운 데다가 매우 습하다.

▶ 連体形 동안/사이(에)(〜ている(た)あいだ［期間］)

내가 자고 있는 사이에 민지는 집에 가 버린 것이었다.

▶ 連体形 듯하다(〜らしい、〜ようだ［様態、推測］)

민주는 내일 시험을 보는 듯해서 혼자 두는 것이 나을 거 같아.

▶ 連体形 셈이다(〜も同然だ、〜するつもりだ)

이걸로 이 일은 다 끝낸 셈이다.

내일은 꼭 이 일을 다 끝낼 셈이다.

▶ 連体形 척하다(〜ふりをする［偽装］)

선미 씨는 돈이 많은 척을 하더니 사실은 그렇지 않더라고요.

▶ 連体形 한(〜限り［条件］)

내가 여기에 있는 한 걔가 여기에 오지는 못할 거야.

◀))) ■ 体言につく語尾類

2-58

▶ -를/을 비롯해서(〜をはじめとして［代表例］)

그 가게에는 수박을 비롯해서 많은 여름 과일을 팔고 있었다.

▶ 体言 말고(〜ではなく…［選択］)

음, 아줌마 이 티셔츠 말고 다른 티셔츠를 좀 보여 주실 수 있으세요?

▶ -로/으로 말미암아(〜によって、〜のため ［理由］)

진희 씨 집은 돈으로 말미암아 많은 문제가 있었다고 하더라고요.

髙木丈也

慶應義塾大学 総合政策学部 専任講師。専門は朝鮮語学(談話分析、方言学)。博士(文学)。

金泰仁（김태인）

韓南大学 専任教員。元慶應義塾大学 総合政策学部 訪問講師。専門は朝鮮語学(意味論)。博士(文学)。

表紙デザイン：申智英
写真協力：髙木丈也、金泰仁
　　　　　韓国観光公社
　　　　　(www.visitkorea.or.kr)
編集協力：南谷瑠依、鈴木ゆき、上原沙英
音声教材録音：朴天弘、李大浩
　　　　　　　金南听、徐旻廷

ハングル ハングルII
－ 한글 한 그루 II

| 検印
省略 | © 2021 年 1 月 30 日　　第 1 版 発 行 |

著者　　　　　　　　　　髙　木　丈　也
　　　　　　　　　　　　金　　泰　　仁

発行者　　　　　　　　　原　　雅　　久
発行所　　　　　　株式会社 朝 日 出 版 社
　　　　　〒101-0065 東京都千代田区西神田 3-3-5
　　　　　　　電話(03)3239-0271・72（直通）
　　　　　　　http://www.asahipress.com/
　　　　　　　振替口座　東京　00140-2-46008
　　　　　　　　　　明昌堂／図書印刷

朝日出版社 ハングル能力検定試験問題集のご案内

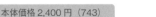

（株）朝日出版社
〒 101-0065　東京都千代田区西神田 3－3－5
TEL : 03 － 3263 － 3321　　FAX : 03 － 5226 － 9599
E-mail : info@asahipress.com　http://www.asahipress.com/